सफल जीवन

(*Successful Life*)

सफल जीवन

राज ऋषि शर्मा

राजर्षि प्रकाशन

नागवनी रोड, जम्मू

राजर्षि प्रकाशन

नागवनी रोड, जम्मू

First Edition, 2023
Price: Rs.199.00
© Copyright, 2023, Author

राज ऋषि शर्मा

'सफल जीवन'

पुस्तक के रूप में

अपने माता-पिता को समर्पित

श्रद्धा सुमन !

स्वर्गीय पिताश्री बलदेव राज शर्मा

(६.२.१९२६ - १७.५.२००८)

स्वर्गीय मातोश्री सावित्री शर्मा
(३०.१.१९२९ - २६.८.२०१४)

'सफल जीवन' के विषय में बात करते हुए बहुतया दूसरे को भ्रम पैदा होता है कि शायद जीवन में सफलता के विषय में बात की जा रही है, जबकि यह दोनों ही भिन्न विषय हैं । जिस प्रकार जीवन जीना अलग बात है उसी प्रकार जीवन में सफलता प्राप्त करना भी अलग बात है । यहां बात की जा रही है जीवन जीने की । सफलतापूर्वक जीवन जीने की । जीवन तो सभी जीते हैं किंतु इसे सफलतापूर्वक कितने ही लोग जी पाते हैं, यह विचारणीय एवं महत्वपूर्ण है । बहुत से लोगों द्वारा आमतौर पर यह कहते सुना जा सकता है कि यह जीवन तो व्यर्थ ही चला गया । अंततः ऐसा क्यों कहा जाता है ? ऐसी आखिर क्या बात होती है कि वो ऐसा कहते हैं? जबकि इसके विपरीत बहुत से लोग जीवन सफलतापूर्वक जीते हैं तथा उन्हें इसके प्रति कभी भी कोई शिकायत भी नहीं रहती । उनका जीने का अंदाज़ ही अपनी ही तरह का और अलग सा होता है । उनके चेहरे पर एक प्रकार की संतुष्टि का भाव रहता है । किसी प्रकार के किसी दुःख-दर्द, शिकायत या अधूरेपन का भाव उनके चेहरे पर से या व्यवहार से नहीं झलकता है । उनके जीवन यात्रा के अंतिम समय पर भी यही लगता है कि वह अपने जीवन से पूर्ण रूप से संतुष्ट हैं । उन्होंने अपने जीवन को सफलतापूर्वक जिया है । एक प्रकार का 'सफल जीवन' ।

इसी विषय पर इस पुस्तक में गंभीरता-पूर्वक, मनन, विचार-विमर्श एवं विश्लेषण किया गया है । यदि पाठक इस विषय को भली-भाँति समझ कर इस के अनुसार जीवन में अपना तारतम्य स्थापित कर लेते हैं और एक सफल जीवन जी पाते हैं तो यही लेखक के उद्देश्य की तथा इस पुस्तक के लेखन की सफलता है ।

अनुक्रमणिका

(1)

सफल जीवन

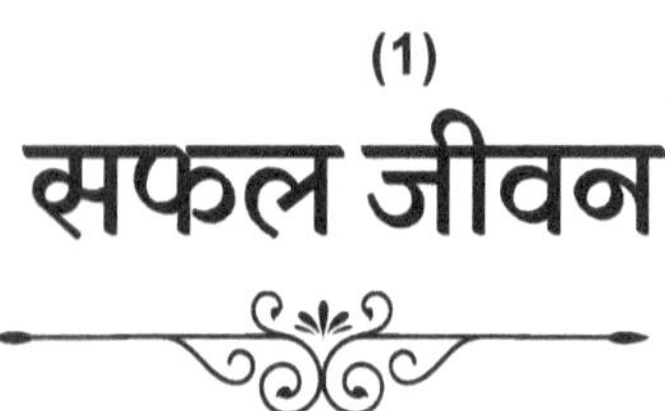

एक दिन मैं नई पुस्तक के लेखन के विषय में सोच रहा था । वो दिन का समय था या रात का समय था, कुछ कह नहीं सकता । कहने को तो रात थी किंतु मुझे दिन का सा उजाला प्रतीत हो रह था । चारों ओर भोर का सा वातावरण था । पक्षियों की चहचहाट सी सुनाई दे रही थी । शीतल पवन के मंद-मंद झोंकों का आभास मात्र हो रहा था । सहसा ही मुझे उसकी उपस्थिति का भान हुआ ।

उसके अधरों पर मंद-मंद सी मुस्कान नृत्य कर रही थी । मुझे देख कर मुस्कुराते हुए उसने कहा- 'क्या सोच रहे हो ?

मैं मंत्र-मुग्ध सा उसी की ओर ही देखा रहा था । कुछ उत्तर नहीं दे पाया क्योंकि उसका आगमन मेरे लिए अप्रत्याशित सा था ।

एक क्षण रुक कर उसने फिर पूछा- 'पुस्तक लिखने के विषय में सोच रहे हो ? बहुत अच्छा विचार है । क्या लिखना चाहते हो ?"

प्रति उत्तर में कुछ देर चुप रहा । फिर कुछ देर पश्चात उसकी भाँति मुस्कुराते हुए कहा- 'अभी कुछ सोच नहीं पा रहा हूँ ।"

'यह तो अच्छा ही है कि अभी तक तुम इस विषय में कुछ भी निर्णय नहीं कर पाए। मैं तुम्हें एक सुझाव देता हूँ । इस विषय पर कुछ लिखने की

सोचो । समय समय पर मैं भी तुम्हें इस विषय पर उचित सुझाव देता रहूँगा।”

‘किस विषय पर ?” मैंने भी उसकी बातों में रुचि लेते हुए पूछा ।

‘जीवन के विषय में ! एक ‘सफल जीवन’ के विषय में !” उसने सुझाव दिया ।

‘मैं तुम्हारा आशय नहीं समझ पाया ।” मैंने कहा- ‘जीवन अर्थात ‘सफल जीवन’ ?”

उसने समझाना आरम्भ किया- ‘सफल जीवन’ ! ‘सफल जीवन’ क्या है ? जीवन में सफलता और ‘सफल जीवन’ । यह दोनों ही अलग-अलग विषय हैं । मेरा आशय यहां केवल ‘सफल जीवन’ से है । जीवन में सफलता से नही, क्योंकि बहुत से लोग जीवन में मनचाही सफलता तो अर्जित कर लेते हैं, किंतु वो एक ‘सफल जीवन’ नहीं जी पाते । वास्तव में ‘सफल जीवन’ के विषय में जानना और इसे जी पाना, यह एक बहुत ही गंभीर एवं महत्त्वपूर्ण विषय है । वास्तव में जीना भी एक कला है और एक सफल जीवन जीना भी । इसी विषय की यहां विवेचना करना एवं विश्लेषण से किसी निष्कर्ष पर पहुँचना ही हमारा उद्देश्य है ।

उसके कहने के अनुसार जीवन तो रागी ही जीते हैं लेकिन जीवन जीने की भी एक परिभाषा एवं उसके प्रति विश्वास होना चाहिए, कि जीवन कैसा होना चाहिए । सफलता के विषय में तो अक्सर पूछा जाता है कि सफलता कैसे अर्जित की जाए? किंतु एक ‘सफल जीवन’ के विषय में बहुत ही कम लोग पूछते हैं कि एक ‘सफल जीवन’ कैसे जिया जाए । क्या जो जीवन आप या हम सब जी रहे हैं वो एक अच्छा जीवन है ? क्या वो एक सफल जीवन है ?

उसी की परिभाषा के अनुरूप एक 'सफल जीवन' की परिभाषा के विभिन्न पहलुओं के विषय में, उसी के द्वारा विश्लेषणात्मक अध्ययन यहां प्रस्तुत किया जा रहा है ।

जीवन जीना एक कला है । उस पर एक 'सफल जीवन' जीना एक गहन अध्ययन का विषय । यह विषय बहुत ही महत्वपूर्ण है ! सर्वप्रथम ! एक 'सफल जीवन' के विषय में जानना, फिर उसकी परिभाषा को समझना और उसे आत्मसात करना अत्यंत महत्वपूर्ण है । हमारे सामने कई प्रश्न हैं यहां पर । हम कैसा जीवन जी रहे हैं ? क्या जो जीवन हम जी रहे हैं, क्या यह एक 'सफल जीवन' है? 'सफल जीवन' कैसा होता है ? 'सफल जीवन' की परिभाषा क्या है ?

जीवन तो सृष्टि में आया हुआ प्रत्येक प्राणी ही जी रहा है । हर व्यक्ति,चाहे वो 'धनी' हो अथवा 'निर्धन'। सुविधा संपन्न हो अथवा सुविधाहीन । एक अंग-हीन व्यक्ति या प्राणी भी अपना जीवन जी रहा है और पूर्ण रूप से समर्थ व्यक्ति भी । फिर भी जीवन जीने में अंतर है । यहां हमारी जीवन के विषय में की जा रही विवेचना का सम्बन्ध केवल मनुष्य जाती के जीवन जीने से ही है । अनपढ़ गंवार इंसान भी जीवन जी रहा है, किंतु जब हम यहां बात करते हैं एक 'सफल जीवन' की तो निश्चित रूप से ही इस का मापदंड भी कुछ कुछ भिन्न ही होना चाहिए । जिस प्रकार कुछ डिग्रीयां धारण कर लेने या उपलब्धियाँ प्राप्त से मनुष्य पढ़ा लिखा नहीं हो जाता, उसी प्रकार एक संपूर्ण जीवन जीने वाले व्यक्ति के जीवन को भी 'सफल जीवन' नहीं कहा जा सकता। जिस प्रकार इंसान की पढ़ाई-लिखाई को भी उसके व्यक्तिगत या जातिगत जीवन में उसके व्यवहार को देख कर ही जाना या समझा जा सकता है । उसी प्रकार एक व्यक्ति के 'सफल

जीवन' का मापदंड भी कुछ भिन्न ही है । जिस प्रकार एक अनपढ़ व्यक्ति की बुद्धि या व्यवहार को देख समझ कर ही उसे पढ़ा लिखा कहा जा सकता है और पढ़े लिखे व्यक्ति को भी अनपढ़ कहा जा सकता है । उसी प्रकार हर व्यक्ति की जीवन शैली के अनुरूप ही उस के जीवन को भी परिभाषित किया जा सकता है कि वास्तव में ही वो व्यक्ति एक 'सफल जीवन' यापन कर रहा है या जीवन को यूँ ही व्यतीत कर रहा है । गँवा रहा है ।

जीवन में किसी भी प्रकार के दुःख दर्द या ग़म का नहीं होना ही एक 'सफल जीवन' है या जीवन में बहुत विस्तृत परिचित सम्बन्धी या दोस्तों का होना ही एक सफल जीवन की पहचान है ? इस बात को समझने के लिए विशेष मनन एवं अध्ययन की आवश्यकता है ।

क्या वास्तव में बहुत सा पैसा कमा लेना ही सफल जीवन है ? जीवन में बहुत सारा पैसा होना, बंगला गाड़ी और मकान का होना या फिर अच्छी खासी ज़मीन जायदाद का होना या किसी बहुत ऊंची पदवी पर बैठ जाना ही 'सफल जीवन' की पहचान है ? इस के उत्तर में शायद यही कहा जा सकता है कि 'नहीं' ।

बहुत सी परिभाषाएँ हैं । जीवन की भी और एक 'सफल जीवन' की भी। जिन से 'सफल जीवन' को समय समय पर बहुत से बुद्धिजीवियों तथा विभिन्न विचारकों ने, मनीषियों ने अपने अपने अनुभव, विचारधारा एवं मतानुसार परिभाषित किया है ।

'सफल जीवन' से पहले आता है, जीना । वास्तव में जीना क्या है ? जिया जाए तो कैसे जिया जाए ? जीना किसे कहते हैं ? एक सफल जीवन जीना क्या है ?

जीना इसे भी कहते हैं-'किसी की मुस्कुराहटों पे हो निसार, किसी का दर्द मिल सके तो ले उधार । किसी के वास्ते हो तेरे दिल में प्यार, जीना इसी का नाम है ।' 'अनाड़ी' फ़िल्म के लिए शैलेंद्र का लिखा हुआ यह गीत तो जैसे प्रसिद्ध 'शौ मैन राज कपूर' के जीवन की पहचान ही बन गया है । गीतकार ने बहुत ही सुन्दर शब्दों में इसमें जीवन के जीने की व्याख्या कर दी है । जीवन तो ऐसा ही होना चाहिए ।

तो क्या जीवन ऐसा ही होना चाहिए ? जीवन सदैव दूसरों के लिए ही जिया जाना चाहिए ?

इसी प्रकार की जीवन जीने की की व्याख्या प्रसिद्ध गीत कार असद भोपाली जी ने भी अपने एक १९६५ की प्रसिद्ध हिन्दी फ़िल्म 'हम सब उस्ताद हैं' के लिए लिखे हुए गीत में की है- 'प्यार बाँटते चलो प्यार बाँटते चलो, क्या हिन्दू क्या मुस्लिम, आपस में हैं भाई भाई ।' यह गीत भी जीने को अपने अलग ही अंदाज़ में परिभाषित करता हुआ दिखाई देता है ।

ऐसा ही कुछ अंदाज़ १९६६ की पुरानी हिंदी फिल्म 'बादल' में जावेद अनवर भी अपने गीत में करते हैं 'अपने लिए जिये तो क्या जिये, तू जी, ए दिल, ज़माने के लिए' । यह सब ऐसे गीत कारों व कलाकारों का मत है । सभी की अपनी अपनी ही विचारधारा, मत एवं निष्कर्ष हो सकते हैं। सब की अपनी अपनी सोच ।

देश की ख़ातिर अपनी जान को निसार कर देना । अनगिनत नाम हैं। जिन्होंने देश की ख़ातिर अपने प्राण उत्सर्ग कर दिए । छत्रपति शिवा जी । महाराणा प्रताप । झांसी की रानी । सरदार भगत सिंह । गोविंद सिंह जी । मेजर सोम नाथ शर्मा। अब्दुल हमीद । मेजर कालिया । जैसे कुछ नाम हो सकते हैं । जिन्होंने देश के लिए अपने आप को मिटा दिया ।

फिर देश के लिए या मानवता के लिए अपने आप को मिटा देने वाले ऐसे भी कुछ नाम हो सकते हैं । जिन्होंने अपने समाज के लिए तथा अपने देशवासियों के भले के लिए अपनी इच्छाओं का त्याग कर दिया । अपने आप को मिटा दिया । उनमें ऐसी बहुत सी महान विभूतियों का नाम लिया जा सकता है जैसे, राजा राम मोहन रॉय । मदर टेरेसा । महात्मा गांधी और नरेंद्र मोदी जैसे । ऐसे बहुत से नाम हो सकते हैं ।

वास्तव में ही जीने का अंदाज़ सब की अपनी दृष्टि में अलग-अलग ही होता है । कोई मस्ती में जीने को ही जीना कहता है तो कोई किसी और की ख़ातिर जीने को ही जीना समझता है । फिर भी जीना तो जीना ही है । दुःख में जियें या सुख में जिये । उदासी में या मस्ती में लेकिन जीवन जीना या फिर एक 'सफल जीवन' जीना क्या है ? इस की सही परिभाषा फिर भी पीछे रह जाती है ।

फिर जीना चाहे कैसा भी हो, किसी भी प्रकार का हो, वास्तव में एक 'सफल जीवन' जीना ही असल में जीना है । इसमें आप का किसी दूसरे के लिए जीना भी है । अपने लिए जीना भी है । जीना चाहे देश की ख़ातिर हो, मानवता के लिए हो या फिर अपनों के लिए । अपनी हर इच्छा का बलिदान कर देना या अपने आप को मिटा देना । क्या यही जीवन जीना है? क्या इस सब को ही जीवन कहा जा सकता है ? क्या यही है एक 'सफल जीवन' की पहचान ? क्या यही है इसकी परिभाषा ? नहीं !

जीना चाहे कुछ भी हो, कैसा भी हो किंतु वास्तव में एक 'सफल जीवन' जीना ही जीना है । इसमें आप अपने लिए भी जीते हैं और दूसरों के लिए भी जीते हैं । जीवन छोटा हो या लंबा । उसे जीने का दृष्टिकोण सही होना चाहिए । व्यापक होना चाहिए । इसमें एक प्रकार की 'सम्पूर्णता'

होनी चाहिए । किसी प्रकार का अधुरापन नहीं । जीवन अभाव-ग्रस्तता का नाम नहीं है । जीवन एक जिंदा-दिली का नाम है । जीवन में, दुःख-सुख, ग़म या उदासियाँ नहीं होनी चाहिए । इसमें जीवन की सम्पूर्णता नहीं है । जिस जीवन में सम्पूर्णता नहीं है, उसका कोई औचित्य भी नहीं है । महत्व भी नहीं है । फिर किसी उद्देश्यहीन, महत्वहीन या फिर औचित्यहीन जीवन को एक 'सफल जीवन' तो कदापि भी नही कहा जा सकता ।

एक 'सफल जीवन' में कुछ भी नहीं होता बल्कि सब कुछ होता है। जीवन का दुःख-दर्द होता है । अनुभूति होती है । मर्यादा होती है । निस्वार्थता होती है । प्यार होता है । जो नहीं होता वह है नफ़रत । नफरत नहीं होती । शत्रुता नहीं होती । घृणा नहीं होती । किसी प्रकार के बदले की भावना नहीं होती । इसे अनुभूतिहीन जीवन नहीं कहा जा सकता । यह स्पंदित है । इसमें एहसास है और एहसास के साथ ही एक नियंत्रंता है ।

इस विषय में रेडियो कश्मीर जम्मू के रिटायर्ड वरिष्ठ कार्यक्रम प्रस्तोता सुभाष शर्मा जी से जब यह पूछा गया कि क्या वह एक सफल जीवन जी रहे हैं तो उन्होंने बहुत ही स्पष्टवादिता से काम लेते हुए कहा बिना किसी झिझक या संकोच के साथ कहा- 'नहीं' ।

तो यह पूछने पर कि आप क्या समझते हैं कि एक 'सफल जीवन' क्या है ?

उसके उत्तर में उन्होंने बताया- 'सफल जीवन' मर्यादित, संवेदनशील एवं मानवीय मूल्यों का सम्मिश्रण है ।"

इसी विषय पर विवेचना हेतु जब प्रसिद्ध विचारक, चिंतक. लेखक तथा अध्यापक श्री ओंकार नाथ शर्मा जी जी से मिला गया तो उनका कहना था कि सर्वशक्तिमान ईश्वर की अनुकम्पा द्वारा चराचर और नाना प्रकार के

जीव-जंतुओं का उद्भव हुआ है । करोड़ों जीव-जंतुओं का समूचे विश्व भर में आगमन हुआ है किंतु इन सब में से केवल मानव जीवन को ही सर्वोत्तम माना गया है । उर्दू भाषा में भी मनुष्य को 'अशरफ-उल-मख़लूक़ात' कहा गया है क्योंकि सोचने समझने की, अच्छे बुरे की और नाना प्रकार के आविष्कार आदि करने की क्षमता केवल मनुष्य में ही है । मानव जीवन बहुत ही दुर्लभ है । पूर्व के 'सतयुग', 'त्रेतायुग', 'द्वापरयुग' में पर्याप्त संस्कृति और सुचारुता का समावेश था । जिससे हर व्यक्ति में प्रायः अच्छे विचारों का आदान-प्रदान हुआ करता था और एक अच्छे और सफल जीवन निर्वाह के लिए सभी आगे बढ़ने का प्रयत्न करते थे । जबकि आज के कलयुग में अधिकतर लोग स्वार्थमय जीवन निर्वाह करने को ही श्रेय देते हैं जो कि मानव जीवन की सार्थकता को बहुत हानि पहुंचाते है ।

एक 'सफल जीवन' के लिए सर्वप्रथम तो शरीर का स्वस्थ व निरोगी होना अनिवार्य है । ऐसा ही शास्त्रों में भी कहा गया है कि शरीर की रक्षा सभी धर्मों का पर्याय होता है ।

'सफल जीवन' के लिए भिन्न भिन्न शास्त्रविदों ने हमें कई प्रकार के सुझाव दिए हैं । जिनमें एक यह भी है कि 'सफल जीवन' भोगी को सच्चरित्रवान होना आवश्यक होता है । कहा गया है –'सत्यमेवजयते', जो सत्य पर चलता है उसका यश कई युगों तक स्थिर रहता है । ऐसे मानव के लिए दृढ़ आत्मविश्वासी होना भी आवश्यक होता है । अपनी अपनी संस्कृति, राष्ट्रवादिता और स्वमातृभूमि से प्यार करना भी एक 'सफल जीवन' का ध्येय होता है । उपरोक्त गुणों के वशीभूत हो कर आज हम कई एक महान नेतागण और 'सफल जीवन' भोगीयों के नाम बढ़े गर्व से लेते हैं। जिनमें इन गुणों का संचार था । उदाहरणार्थ स्वामी विवेकानंद, महात्मा

गांधी, लाल बहादुर शास्त्री, मौलाना अब्बूकलाम आज़ाद, और अटल बिहारी वाजपेयी एवं आचार्य रजनीश 'ओशो' इत्यादि ।

हमारे प्राचीन धर्म ग्रंथों में एक 'सफल जीवन' के विषय में कुछ इस प्रकार की व्याख्या गई है कि इंसान के संपूर्ण जीवन को कई भागों में बाँट दिया गया है । वैसे तो जीवन के सम्बन्ध में चार अवस्थाओं के विषय में कहा गया है जैसे कि बालवस्था, युवावस्था तथा वृद्धावस्था, किंतु वृद्धावस्था को वनावस्था भी कहा गया है । कहने का अर्थ यह है कि इन्सान को अपना संपूर्ण जीवन व्यतीत कर लेने के पश्चात वनावस्था को ग्रहण कर लेना चाहिए या संन्यास के रास्ते पर चल पढ़ना चाहिए ।

केवल अपने लिए ही जीना और सुखानंद पाना एक सफल जीवन नहीं कहा जा सकता है । इसके लिए वे दो पंक्तियों का उदाहरण देते हुए ओंकार नाथ शर्मा जी कहते हैं कि अपने लिए जो जीते हैं, खाते हैं, मौज़ उड़ाते हैं दूसरों की जिनको फ़िक्र नहीं, वह अच्छे नहीं कहाते हैं ।

'जीवन है सफल उन्हीं का, जो गिरते को भी उठाते हैं ।
न छोटे बड़े का ध्यान करि, सब को ही गले लगाते हैं ।"

इस विषय में जोगी एवं महान ऋषियों का कहना है कि इंसान को अपना जीवन व्यतीत करने के उपरांत संपूर्ण तृष्णाओं का परित्याग कर के संतुष्टि के मार्ग पर चलते हुए मोक्ष को प्राप्त कर लेना चाहिए । यही एक 'सफल जीवन' की पहचान है ।

इसी संदर्भ में प्रसिद्ध लेखिका, कवयित्री, शायरा, समाज सेविका व ब्राह्मण सभा की अध्यक्ष श्रीमती कुसुम शर्मा 'अंतरा' जी कहती हैं कि 'सफल जीवन' एक 'सोच' है । एक पद्धति है जीने की । एक शैली, एक

कला है । यह हमारे ऊपर निर्भर करता है कि सफल जीवन की परिभाषा क्या है ? उसका मापक हमारा संतोष है । कई लोग बहुत अच्छा जीवन जी रहे होते हैं । उनके पास सब कुछ होते हुए भी वे असंतुष्ट रहते हैं । बेचैन रहते हैं । वहीं कई लोगों के पास कुछ भी नहीं होता परन्तु वे फिर भी संतुष्ट होने की वजह से खुश रहते हैं । हमारी आकांक्षाएं ही हमारे जीवन का स्वरुप निर्धारित करती हैं । उन्होंने स्वयं अपने जीवन के बारे में बताते हुए कहा- 'मैं एक सफल जीवन जी रही हूँ क्योंकि मैं जानती हूँ कि जो मेरे पास है वो कइयों के पास नहीं है और इससे भी परे की बात करूँ तो वो यह कि मुझे जो चंद साँसें मिली हैं, उन के रहते मुझे बहुत कुछ करना है । अगर मैं परिश्रम करूँ, समर्पित भाव से कर्म करूँ तो मैं अपने जीवन को एक मुकाम दे सकती हूँ । एक आदर्श स्थापित कर सकती हूँ । समाज को एक दिशा दे सकती हूँ । सबसे आवश्यक यह है कि हमें हमारे लिए कुछ सिद्धांत तय करने चाहिए । फिर हमें प्रसन्नचित रहना आना चाहिए, क्योंकि यही जीवन है । हमारी सकारात्मक सोच हमारे सफर इतने सुहाने कर सकती है कि हमें मंज़िल की दरकार ही नहीं रहती और सफर शिद्दत से किये जाएँ तो मंज़िल खुद आप को पाने के लिए बेक़रार नज़र आएगी ।

'सफल जीवन' के सम्बन्ध में राष्ट्रीय स्तर के प्रसिद्ध कलाकार, पेंटर एवं डिज़ाइनर शमशेर सिंह जी कहते हैं- 'मेरी नज़र में संतुष्टि ही सफलता है । एक संतुष्ट जीवन ही एक 'सफल जीवन' है । कुछ लोग एक छोटा सा काम कर के ही खुश हो जाते हैं, संतुष्ट हो जाते हैं । वो ही सफलता है । वो सफलता ही उनके सफल जीवन की पर्याय है । कुछ लोग बड़े से बड़ा काम का लेने के बाद भी संतुष्ट नहीं होते हैं । उन्हें खुशी नहीं मिलती ।"

फिर जब उनसे यह पूछा गया कि क्या वो एक सफल जीवन जी रहे हैं? तो उनका उत्तर था- 'जी हाँ ! मैं अपने आपको एक सफल व्यक्ति समझता हूँ क्योंकि मैंने अपने कर्तव्यों को पूरा किया है । यदि मेरा परिवार मुझसे खुश है तो मैं सफल हूँ । मेरा जीवन पूर्णरूपेण एक 'सफल जीवन' है।"

कल्पना गुप्ता/रतन का नाम भी किसी परिचय का अपेक्षक नहीं है । जन्म स्थान, भद्र वाह (जम्मू एंड कश्मीर) की सीनियर लेक्चरर, जम्मू निवासी कल्पना गुप्ता/रतन जी का इस सम्बन्ध में कहना है कि बचपन से किताबों में एक ही बात पढ़ते आए थे सफल जीवन वही होता है जिससे वह पढ़ लिख कर बड़ा आदमी बने । शायद बचपन से मेरे भी यही विचार थे । एक सपना था ऑफिसर बनेंगी, गाड़ी होगी, बंगला होगा, लेकिन कहीं ना कहीं मैं ग़लत थी । यह सब मेरी मेहनत का फल था । इसको मैं मेहनत की सफलता का नाम दे सकती हूँ । सच कहूँ तो इस सब ने मुझे सफलता तो प्रधान की ही लेकिन इससे कभी भी मुझे कोई संतुष्टि की प्राप्ति नहीं हुई। आज भी देखती हूँ मन अशांत, उदास तथा ना खुश रहता है । कई बार अपने मन से पूछती हूँ, सब कुछ पाने के बाद भी मैं अ–संतुष्ट क्यों हूँ ? कई बार मैंने महसूस किया कि किसी दूसरे की ख़ुशी से जब मैं ख़ुशी प्राप्त करती हूँ तो तब कहीं जाकर मुझे लगता है कि मैं संतुष्ट हूँ ।

एक 'सफल जीवन' पाने के लिए हमें बड़े दिलवाना यानी कि दयालु होना बहुत ज़रूरी है । दूसरों के सुख दुख में शामिल होकर ही हमें सफल ज़िंदगी मिल सकती है । इसका यह मतलब कतई नहीं कि हमें मशहूर होना है ।

सफल ज़िंदगी का मतलब सच्ची ख़ुशी महसूस करना । वह हमें पैसे रुपए आदि से नहीं मिल सकती । उसके लिए हमें कुछ अलग करना पड़ता है । दूसरों के दुख़ों को अपना दुख समझ तथा दूसरों की ख़ुशी को अपनी ख़ुशी समझ, अपने अहम को छोड़कर, सबका भला सोचने वाला ही 'सफल जीवन' जी सकता है ।

जब उनसे यह पूछा गया कि क्या वह एक 'सफल जीवन' जी रही हैं तो स्पष्टवादिता से काम लेते हुए उन्होंने कहा- 'नहीं ! बिल्कुल नहीं ! सब कुछ पाने के बाद भी मेरा मन अशांत रहता है । उदासी ने मुझे चारों ओर से पकड़ के रखा होता है । कई बार ख़ुद से ही प्रश्न पूछ चुकी हूँ, क्या हुआ है हमें ? क्यों ख़ुशी हमसे दूर-दूर भागती है ? गृहस्थ जीवन में रह कर हम सफल जीवन नहीं पा सकते । मोह, ममता, लोभ, दुनियादारी, रिश्तेदार आदि आड़े आ जाती है । हम थोड़ी-सी दया भावना दिखा कर सफल जीवन प्राप्त नहीं कर सकते । सच बताएँ तो मैं सफल जीवन से अभी कोसों दूर हूँ ।

हम जिन्हें 'सफल जीवन' का आधार मानते हैं, कौन जाने वो लोग भी अंदर से कितने टूटे हुए होंगें । अपने दायित्व को छोड़कर कोई भी 'सफल जीवन' व्यतीत नहीं कर सकता । मज़ा तो तब है जब इंसान अपना दायित्व निभाते-निभाते वह महान काम भी करें जिससे कि उसको संतुष्टि मिल सकती हो, तभी हम 'सफल जीवन' जी सकेंगे ।

उसके साथ ही मुझे उस देव दूत का स्वर सुनाई देना बंद हो गया । मुझे ऐसा आभास होने लगा जैसे मैं सम्मोहित सा हो गया हूँ । मुझे अपने आस-पास कुछ भी नहीं दिखाई दे रहा था । दृष्टि के सामने यदि कुछ था तो वो था, वही स्वपनिल सा, सुबह का आभासित वातावरण !

मुझे लगा कि मेरे होठों पर एक प्रकार की मुस्कान सी तीर आई है ।

अपनी सोच अपना जीवन

उसकी स्वपनिल सी मुस्कान को स्मरण करते हुए मैं सोने का प्रयास कर रहा था । ध्यान बार बार उसी की ओर जा रहा था । आखिर वो आत्मा के रूप में मेरे सम्मुख प्रकट होने वाली विभूति है कौन ? कोई प्रेतात्मा ? कोई देवात्मा या फिर कोई आध्यात्मिक शक्ति ? मेरी समझ में कुछ भी नहीं आ रहा था । फिलहाल मैं उसे एक देवात्मा के रूप में ही स्वीकार कर रहा था । इसलिए मैं उसे देवात्मा का ही संबोधन दूँगा । उसी स्वपनिल सी मुस्कान और सम्मोहित से वातावरण में मैं सोने का प्रयास करने लगा किंतु फिर सहसा ही मेरी पलक झपकते ही मुझे उसकी उपस्थिति का आभास होने लगा । मैने ज्यों ही अपनी पलकें खोली तो सामने उसे देखा । वह मंद मंद मुस्कुरा रहा था ।

वातावरण बहुत ही मनोरमयी था । ठीक विक्रम व बेताल की कहानियों की तरह ! उसने फिर कहना शुरु किया- 'मैं तुम्हें अपनी डायरी के कुछ पृष्ठ दे रहा हूँ । उनमें आवश्यक विवरण है । यह तुम्हारे बहुत काम आएगा । कल मैं तुम्हें अपनी डायरी के कुछ ओर भी पृष्ठ दूँगा । आज डायरी के माध्यम से मैं तुम्हें विश्व प्रसिद्ध कुछ एसे व्यक्तियों के विषय में बता रहा हूँ, जिनके दृष्टिकोण व अध्ययन से एक 'सफल जीवन' की यथासम्भव व्याख्या हो सकती है ।

'सफल जीवन' को परिभाषित करने से पूर्व यह जान लेना आवश्यक है कि सफलता क्या है ? जब सफलता ही सही रूप में जीवन से संबंधित होगी तो तभी जीवन भी सफल होगा ।

जब सफलता की बात की जाती है तो तब बहुत से लोग जीवन में बहुत सा धन पा लेने को ही सफलता की निशानी समझने लगते हैं । मनचाही नौकरी पा लेना । मनचाहे जीवन साथी को पा लेना या फिर जीवन को अपनी शर्तों या ख्वाहिशों के अनुसार जी लेना भी सफलता समझ लेते हैं ।

सिकंदर महान के विषय में तो सभी जानते हैं । जिसने दुनिया जीत कर विश्व विजेता बनने की चाह में सैंकड़ों गांव, शहर, अपनी सेना के सिपाहियों व घोड़ों के पांवों तले रौंद डाले । असंख्य बेगुनाह लोगों को मार डाला । फिर अंत में जो प्राप्त हुआ, वो क्या था ? केवल पछतावा । अपने जीवन में एक पल भी चैन से न बैठ कर समस्त जीवन, मार–काट भाग दौड़ में व्यस्त रहा । अंत में उसे यह अहसास हुआ कि जीवन में वो कुछ भी प्राप्त नहीं कर पाया है । अन्त में मृत्यु के समय, यही शब्द उसके होठों से निकले कि अपने इस जीवन में वो खाली हाथ आया था और अब खाली हाथ ही वापस जा रहा है ।

सिकंदर ! सिकंदर महान भी कहा जाता है जिसे । कुछ लोग तो उसे विश्व विजेता भी कहते हैं । हालांकि वो अपने जीवन काल में कभी भी विश्व विजय नहीं कर पाया था । उसने जीवन में क्या कुछ हासिल नहीं किया ? दुनिया की हर वो 'शह' जिसकी उसने चाह की । उसने प्राप्त की । फिर भी उसके जीवन को एक 'सफल जीवन' नहीं कहा जा सकता । उसका जीवन, जीवन में सब कुछ प्राप्त कर लेने के पश्चात भी एक 'सफल जीवन' नहीं था।

इस विषय में 'रिचर्ड बेन्सन' कहते हैं कि बहुत से लोग इस बात को ही अपनी सफलता मान लेते हैं कि उन्होंने अपने जीवन में कितना पैसा कमा लिया अथवा कितनी जायदाद बना ली, किंतु मेरी दृष्टि में तो सफल लोग वही होते हैं जो कि सदा यही देखते हैं कि वो कितने खुश हैं ।

'रिचर्ड बेन्सन' को बचपन में ही 'डिस्लेक्सिया' '(Dyslexia)' नाम की बीमारी हो गई थी । जिससे ग्रसित बच्चे को पढ़ने लिखने में कठिनाई होती है । उस समय उनकी आयु १६ वर्ष की थी और उन्होंने स्कूल छोड़ दिया था । उन्होंने अपनी इसी आयु से संघर्ष आरम्भ कर दिया था । उन्होंने मित्रों के साथ मिल कर एक पत्रिका का प्रकाशन भी आरम्भ किया था और इसके पश्चात वो उन्नति की सीढ़ियां चढते ही चले गए । फिर उन्होंने पीछे मुड़ कर नहीं देखा । उन्होंने 'विरजन (Virjin)' नाम की एक संगीत कंपनी की शुरुआत भी की थी । जिसमें 'रोलिंग स्टोन (Rolling Stone)' प्रमुख है । उनका मानना था कि किसी के पास बहुत सी भूमि अथवा बहुत सा धन का होना सफलता की निशानी नहीं है, बल्कि सफलता तो उसका स्वयं का हार्दिक रुप से प्रसन्न होना है ।

अब राष्ट्रपति 'बराक ओबामा' को कौन नहीं जानता है । संयुक्त राज्य अमेरिका के ४४ वें राष्ट्रपति । जिनके पास अपार धन, सम्मान, सफलता तथा शक्ति है ।

उनके विषय में उनकी पत्नी तथा विश्व की प्रथम महिला 'मिशेल ओबामा' ने एक बार दर्शकों से कहा था कि उनके पति के लिए, सफलता का मतलब यह नहीं है कि आप एक अच्छा जीवन जीने के लिए क्या प्रयास करते हैं तथा जीवन में कितना पैसा कमाते हैं, बल्कि उनके जीवन में सफलता का अर्थ कुछ ओर ही है ।

हार्वर्ड के शिक्षित लेखक, व्यवसायी और प्रसिद्ध वक्ता 'स्टीफन कोवे' ने भी अपना सारा जीवन इस बात का पता लगाने के लिए ही समर्पित कर दिया कि वास्तव में ही सफलता और इसके प्रति विचारधारा में ऐसा क्या है जो कि किसी को भी प्रभावशाली बना देता है । उन्होंने अपनी पुस्तक 'द ७ हैबिट्स ऑफ हाइली इफेक्टिव प्यूपिल' के साथ इस विषय में जानने का प्रयास किया है । अपने इसी प्रयास से वह रातों रात ही दुनिया के सबसे सफल लेखकों की श्रेणी में शामिल हो गए थे ।

उनकी किताब न्यूयॉर्क टाइम्स की 'बेस्ट सेलर' सूची में पहुँच गई थी। जिससे कि उन्हें एक अभूतपूर्व सफलता मिली । पुस्तक की २५ मिलियन से भी अधिक प्रतियाँ बिकी । उन्होंने न्यूयॉर्क टाइम्स को अपने एक साक्षात्कार में बताया कि उनका मानना है कि यह सफलता स्पष्ट रूप से उनकी व्यक्तिगत थी तथा यदि अपने जीवन में अंतिम समय को याद रखा जाए तो सफलता का अर्थ स्वयं ही समझ आ जाएगा ।

न्यूयॉर्क टाइम्स की सबसे अधिक बिकने वाली लेखक 'एरियाना हफ़िंगटन' फोर्ब्स की सबसे शक्तिशाली महिलाओं की सूची में रही हैं, १९७४ में उनकी पहली पुस्तक प्रकाशित हुई थी और १९८० वह में लंदन से संयुक्त राज्य अमेरिका चली गई थीं ।

२००० के दशक की शुरुआत में, 'एरियाना हफ़िंगटन' कैलिफोर्निया के गवर्नर के पद के लिए भी लड़ी थीं और २००६ में उन्होंने 'हफ़िंगटन पोस्ट' में 'पुरस्कार समाचार विजेता मंच' का शुभारंभ भी किया । 'हफ़िंगटन' का कहना था कि हमारे लिए सफलता का अर्थ दो शब्दों में ही निहित है 'पैसा और शक्ति' । किंतु इसके लिए एक तीसरा शब्द भी जोड़ना होगा । उस जीवन को जीने के लिए जिसे कि हम वास्तव में ही जीना चाहते हैं तथा

जिसके हम योग्य भी हैं । उस जीवन के लिए नहीं जिसे की हम केवल जीते ही हैं । हमें सफलता के अतिरिक्त एक तीसरे मापदंड की भी आवश्यकता होती है जो धन और शक्ति के दो मापदंडों से आगे हैं अर्थात जिसके चार भाग हैं, कल्याण, ज्ञान, आश्चर्य और दान ।

'बिल गेट्स' ने जीवन में अपार धन, प्रसिद्धि तथा सफलता हासिल की। उन्होंने अपने बचपन के दोस्त 'पॉल एलन' के साथ १९७५ में, माइक्रोसॉफ्ट की स्थापना की थी । उसकी कंपनी और उसके सॉफ्टवेयर ने तो दुनिया का एक प्रकार से कायाकल्प ही कर दिया । आज लगभग हर घर में कम्प्यूटर के माध्यम से 'बिल गेट्स' की पहचान है । ८० के दशक में केवल ३१ साल की कम उम्र में ही 'बिल गेट्स' अरब पति बन गए थे। 'बिल गेट्स' दुनिया के सबसे धनी व्यक्ति थे । अपने करियर के दौरान, 'बिल गेट्स' ने एक महत्वपूर्ण प्रयोग किया । उन्होंने अपनी पत्नी के साथ मिल कर निर्धनता से लड़ने के लिए एक संगठन की शुरुआत भी की थी ।

'बिल गेट्स' जीवन में सफलता के बारे में कहते हैं कि बच्चों की परवरिश करने, लोगों की सहायता करने या कोई आविष्कार कर लेने में बहुत अंतर है । इस सब को जीवन की सफलता से नहीं जोड़ा जा सकता।

'वारेन बफेट' पूरी दुनिया में सबसे प्रसिद्ध और सम्मानित व्यापारियों में से एक थे ।

अपने जीवन के दौरान, बफेट ने व्यापार, मीडिया, बीमा, ऊर्जा और खाद्य उद्योग सब में निवेश किया तथा अपने जीवन में बहुत सी संपत्ति अर्जित की किन्तु फिर २००६ में, सहसा ही उन्होंने घोषणा कर दी कि वह अपने पूरे 'भाग्य' को दान में दे देंगे। बफेट के लिए भी, पैसे या प्रसिद्धि की अपेक्षा सफलता की परिभाषा कुछ भिन्न तथा इस प्रकार से थी कि वह

मानते थे कि सफलता तो इस बात से पता चलती है कि कितने लोग आपसे प्यार करते हैं ।

'मार्क क्यूबा' एक अरब पति और टीवी कलाकार थे । वह एक मध्यम वर्गीय परिवार में पले बढ़े थे और उन्होंने कम उम्र में ही व्यवसाय में रुचि लेना शुरु कर दिया था । आरम्भ में तो उन्हें इतनी सफलता नहीं मिली किंतु पश्चात में क्यूबा में उन्हें अपार सफलता व प्रसिद्ध मिली ।

क्यूबा में उन्होंने बहुत सी कंपनियों की स्थापना की तथा उन्नति की सीढ़ियां चढ़ते हुए अपार धन राशि एकत्रित की । उनकी आय बढ़ती गई, और उनके व्यवसाय में फिल्मों से लेकर एन बी ए फ्रैंचाइज़ी के मालिक 'डलास मावेरिक्स' तक सब कुछ शामिल हो गया । क्यूबा अपनी सफलता को परिभाषित करते हुए कहते हैं कि मेरे लिए सफलता की परिभाषा यही है कि सुबह जागते समय आपके चेहरे पर एक प्यारी सी मुस्कुराहट हो और आप को इस बात का विश्वास हो कि आज का दिन आपके लिए बहुत ही अच्छा व्यतीत होने वाला है । मुझे बहुत ही प्रसन्नता होती है यह सोच कर कि जब मैं निर्धन था तो मैं कितना सफल था ।

प्रसिद्ध कोच 'जॉन वुड' को जीतने का हुनर मालूम था तथा अपने २९ साल के करियर के दौरान, जॉन वुड ने अपनी टीमों को ६२० बार जीत और दस राष्ट्रीय पुरस्कार दिलाए थे ।

कॉलेज की बास्केटबॉल टीम में भी वो एक विजेता के रूप में पहचाने जाते थे । सफलता के बारे में उनके विचार कुछ भिन्न थे । उनका कहना था कि किसी मन पसंद कार्य को अपनी इच्छानुसार कर लेने से जो आत्मसंतुष्टि मिलती है वही सच्चे मायनों में आपकी सफलता है ।

'माया एंजेलो' एक प्रसिद्ध कवि, लेखक, गीतकार, निर्देशक, तथा समान्नित अधिकारी रही हैं । वह हॉलिवुड की पहली अफ्रीकी अमेरिकी महिला निर्देशक भी थीं ।

१९५० के दशक के अंत में 'माया एंजेलो' ने सिविल राइट मूवमेंट पर 'डॉ मार्टिन लूथर किंग' के साथ मिलकर काम किया था । २०१० में, राष्ट्रपति ओबामा ने 'माया एंजेलो' को राष्ट्रपति पद के पदक से भी सम्मानित किया था । माया एंजेलो का सफलता के विषय में कहना है कि अपनी इच्छा अनुसार किये गए कार्य से जो आनंद की प्राप्ति होती है वास्तव में वही सच्ची सफलता है ।

'विंस्टन चर्चिल' २०२० वीं शताब्दी के सबसे महत्वपूर्ण विभूतियों में से एक माने जाते हैं । उन्हें इंगलैंड को संयुक्त रखने का काम सौंपा गया था और उन्होंने देश का कुशल नेतृत्व भी किया ।

१९३९ से पहले चर्चिल अधिकतम असफल ही रहे थे किंतु उन्होंने असफलता से विचलित न हो कर कभी साहस नहीं छोड़ा तथा अंत में उन्होंने अपार सफलता प्राप्त की और एक प्रसिद्ध व्यक्तित्व बन गए । वो मानते थे कि जीवन में सफल होने के लिए हमें कहीं न कहीं से तो कार्य की शुरुआत करनी ही पढ़ेगी तथा उनका कहना था कि उत्साह से स्वीकार की गई असफलता के उपरांत मिली सफलता ही आप की सच्ची सफलता है।

अब डायरी के वो पृष्ठ समाप्त हो गए थे । पढ़ने के पश्चात ज्यूँ ही मैंने दृष्टि उठाई और सामने देखा तो वही महानुभाव उपस्थित थे तथा मंद मंद मुस्कुरा रहे थे । मुस्कुराते हुए ही कहने लगे कि इस 'सफल जीवन' के विषय में हर एक की अपनी ही सोच हो सकती है किंतु कुछ बातें व व्यवहार

या सोच ऐसी भी हो सकती है जिससे कि इन्सान को अपने जीवन को सफल बनाने में समझ अथवा मार्ग दर्शन मिल सकता है ।

(3)

क्षमाशीलता

मेरे चेहरे के भाव कैसे थे अथवा उसे कैसे लग रहे थे, यह तो मैं नहीं कह सकता किंतु उसके अधरों पर एक चिरपरिचित सी मुस्कान थी, जो उस समय मुझे बहुत ही अच्छी लग रही थी । कुछ देर खामोश रहने के पश्चात उसने फिर कहना शुरू किया-

'पिछली मुलाक़ात में मैंने तुम्हें जो डायरी दी थी, उसमें विश्व प्रसिद्ध व्यक्तियों के जीवन तथा एक 'सफल जीवन' के विषय में उनके उद्गार प्रकट किये गए थे । यहां सभी के दृष्टिकोण को अध्ययन व विश्लेषण के लिए समक्ष रखा गया था । इस सब से यह स्पष्ट था कि साधारणतया जीवन जीने तथा एक 'सफल जीवन' जीने में स्पष्टया अंतर है तथा जीवन में बहुत सा धन कमा लेना या अकूत सम्पति प्राप्त कर लेना ही जीवन नहीं है । इससे यह नहीं कहा जा सकता है कि आप ने अब तक जो जीवन जिया है वो एक सफल जीवन जिया है ।

इसकी समझ के लिए एक विस्तृत व व्यापक दृष्टिकोण व इसके अध्ययन की आवश्यकता है । इसे कुछेक शब्दों या वाक्यों में समाहित नहीं किया जा सकता । ज्यों-ज्यों हम आगे बढ़ते जाएंगे, इसका स्पष्ट आभास भी होता जाएगा कि इस विषय में एक व्यापक दृष्टिकोण के साथ ही जीवन में समुचित व समाहित परिवर्तन की भी आवश्यकता है ।

पानी का गिलास आधा भरा हुआ है या आधा खाली है । इसके भावार्थ को समझते हुए अपनी जीवन यात्रा में सकारात्मक रुख की उपयोगिता को भी समझना होगा ।

आज मैं तुम्हें अपनी डायरी का जो अध्याय दे रहा हूँ उसमें सर्वप्रथम हमें जिस विषय पर अध्ययन व मनन करने की आवश्यकता है, वो है 'क्षमाशिलता' !

इतना कह कर वह खामोश हो गया तथा अपनी डायरी के कुछ पृष्ठ मेरी ओर बढा दिए । मैंने उन्हें खामोशी से स्वीकार कर लिया और पढ़ना शुरु कर दिया–

'कोई भी इंसान कभी भी संपूर्ण नहीं होता । इस जीवन यात्रा में अपने पथ पर अनेक पड़ाव तय करता हुआ वह अपने सफर को पूर्ण कर पाता है। मार्ग में तरह तरह की बाधाओं का सामना तथा अनुभव प्राप्त करते हुए निरंतर वह अपने जीवन पथ पर अग्रसर रहता है । इस दौरान कई प्रकार के खट्टे-मीठे अनुभव उसे प्राप्त होते हैं । कई लाभ तथा हानियाँ भी प्राप्त होती हैं। इसी सब से उसे आगे बढ़ने का मार्ग दर्शन भी प्राप्त होता है तथा इसी सब से ही उसका अस्तित्व भी उत्प्रेरित होता रहता है । कई बार की घटनाएँ– दुर्घटनाएँ जाने अनजाने में उसकी जीवन यात्रा में ऐसी भी घटित होती हैं कि जिनकी अमिट छाप उनके जीवन में सदैव के लिए अंकित हो जाती है । उनके भविष्य को स्थाई रूप से प्रभावित करती हैं ।

'क्षमा' शब्द स्वयं में ही इतना बड़ा एवं महान है कि इसके गूढ़ अर्थ में ही सब कुछ निहित है । किसी को माफ़ कर देना इतना सरल नहीं होता जितना कि समझा जा सकता है, किंतु किसी भी ऐसे कार्य में जो आनंद अथवा आत्मसंतुष्टि छुपी हुई है इसका आभास किसी को क्षमा के पश्चात ही

हो सकता है । कहने का आशय यह भी नहीं है कि किसी को भी किसी भी कार्य के लिए क्षमा कर दिया जाना चाहिए किंतु कुछ ऐसी भूलें जो किसी संगीन अपराध की श्रेणी में नहीं आती और जिन्हें करने के पश्चात करने वाले को भी अपनी भूल का एहसास होता है । उसे भी ग्लानी के साथ अपने कार्य के प्रति अपराध बोध होता है । इस प्रकार के किसी भी अपराध के प्रति क्षमाशीलता का भाव अपना कर दूसरे को तो उसके अपराध बोध के बोझ से मुक्त किया ही जा सकता है, स्वयं भी एक प्रकार की आत्म-संतुष्टि के सुख को प्राप्त किया जा सकता है ।

इस लिए कहते हैं कि 'बीती ताहि बिसार दे, आगे की सुधि ले ।' ऐसी घटनाएँ अथवा दुर्घटनाएँ जो आप के जीवन को सदैव के लिए प्रभावित कर जाएँ उन्हें भूल जाना ही अच्छा है किंतु यह इतना सरल तो नहीं ।

वह घटनाएँ जो सदैव के लिए आपके जीवन की धारा ही बदल दें, आपको अपने पथ से विचलित कर दें, उन्हें कैसे विस्मृत किया जा सकता है।

डॉक्टर जयप्रकाश जी कहते हैं कि एक बार उनके पास एक पति-पत्नी आए । पति महोदय को यह शिकायत थी कि उनकी पत्नी सदैव ही प्रसन्न व प्रफुल्लित रहती थी । स्वयं भी हंसती थी और दूसरों को भी हंसाती रहती थी । फिर एक दिन न जाने ऐसा क्या हुआ कि वह एकाएक ही गुमसुम हो गई । सदैव गुमसुम व उदास सी ही रहती । यहाँ तक कि उसने अपनी बहुत सारी रुचियों को भी भुला दिया । न जाने उसे क्या हो गया था। उसके पति महोदय बहुत ही चिंतित थे । यहाँ तक कि उसका सारा परिवार ही बहुत परेशान था । किसी को भी कुछ समझ नहीं आ रहा था कि ऐसी हालत में आखिर किया भी जाए तो क्या किया जाए ? किसको दिखाया जाए ? क्या

इलाज़ किया जाए ? बहुत से उपाय किये गए । जिसने यहाँ के लिए भी कहा, जो उपाय भी सुझाया, वह सब किया गया पर कोई फ़ायदा न हुआ । इसी उलझन में, इस समस्या को ले कर उसके पति एक दिन डाक्टर जयप्रकाश के पास आ पहुँचे ।

डॉक्टर जयप्रकाश एक प्रसिद्ध मनोवैज्ञानिक थे । उन्होंने उमेश से जो कि उस औरत के पति थे, से सारी बात सुनी । सुन कर वह फिर गहराई से कुछ सोचने लगे । कुछ देर सोचने के बाद उन्होंने उमेश जी की पत्नी शिखा से अलग बैठ कर कुछ देर तक वार्तालाप किया–

'शिखा ! हर इंसान की ज़िंदगी में कभी न कभी कुछ ऐसा भी चाहे, अनचाहे घटित हो जाता है कि जिसे वह आसानी से भुला नहीं पाता, सहन नहीं कर पाता । जब–तब वह लम्हे जीवन में उसके व्यक्तित्व को कचोटते रहते हैं । ऐसा वाक्या किसी भी रूप में हो सकता है । इसे न ही तो स्वयं में पचाया जा सकता है तथा न ही किसी को बताया ही जा सकता है । फिर उस इंसान के व्यक्तित्व का वह भाग, न ही तो उस इंसान को जीने ही देता है और न ही वह आदमी उस के बोझ को सहन ही कर पाता है । बस ऐसा व्यक्ति स्वयं में ही घुटता रहता है और उसके लिए जीवन जैसे थम सा जाता है । जीवन का हर पल उसके लिए बेरंग सा हो जाता है । उसे उसका यह जीवन दूभर सा लगने लगता है । यहाँ तक कि वह अपने जीवन के किसी भी क्षण का न ही तो कोई लुत्फ उठा सकता है, न ही किसी के साथ बाँट सकता है । वह दुनिया जहान से एक तरह से कट सा जाता है । बस इस तरह से स्वयं में घुटना ही उसका भाग्य बन जाता है और फिर धीरे धीरे यही उसके लिए लिए घातक भी होता जाता है ।

ऐसा ही कुछ बोझ शिखा तुम भी अपने मन में लिए हुए हो । जिसे शायद तुम कभी किसी से कहना भी नहीं चाहोगी । इतना कह कर डॉक्टर जयप्रकाश कुछ देर के लिए रुके । शिखा के चेहरे की तरफ देखते रहे । फिर उन्होंने कहना शुरू किया- 'मैं इसके लिए तुम्हें एक सुझाव दूंगा । कई बार इन्सान अपने मन की बात किसी को बताना चाहते हुए भी इस लिए नहीं बता सकता कि उसे भय होता है कि कहीं वह दूसरा व्यक्ति इसका अन्यथा लाभ न उठाने की सोचे या स्वयं ही भविष्य में उसकी दृष्टि का सामना न कर सके । तब ऐसी अवस्था में एसे व्यक्ति को किसी ऐसे से अपने मन का भेद कह देना चाहिए जिससे कि उसे किसी भी प्रकार का भय ना हो । मेरा कहने का आशय यह है कि जैसे कोई वृक्ष, चट्टान, झरना या उपवन के फूल बहती ठंडी हवाओं से या नदिया की धारा से । किसी के भी समक्ष अपने मन का गुबार निकाल देना चाहिए । अपने मन का बोझ हलका कर लेना चाहिए । मेरी मानो ! तो तुम भी ऐसा कर के देखो । फिर देखना कैसे तुम्हारे मन को कितना सुकून मिलता है । कितना तुम अपने आपको हलका सा महसूस करती हो ।"

इसके पश्चात उन्होंने कहा- 'जीवन शिखा ऐसा नहीं है जिसे कि तुम अपने लिए बोझिल बना कर जीवन पथ पर चल सको । इससे इंसान थक जाता है । फिर जब इसके साथ बहुत से लोगों का भावनात्मक सम्बन्ध जुड़ा हुआ हो । तुम्हें अपने मन का बोझ, इस प्रकार किसी भी भावनात्मक रूप से शून्य वस्तुओं के साथ बाँट लेना चाहिए । मेरे कहने के अनुसार एक बार तो ऐसा करके देखो । देखना इससे तुम अपने आप में कितना अंतर महसूस करोगी ।

इतना समझाने के बाद मनोवैज्ञानिक डॉक्टर जयप्रकाश ने शिखा को विदा किया तथा उन दोनों को एक माह पश्चात फिर से आ कर मिलने के लिए कहा ।

इसके पश्चात जब वह दोनों पति-पत्नी एक माह पश्चात फिर से आ कर डाक्टर जयप्रकाश से मिले तो विश्वास कीजिये कि उन दोनों के चेहरे पर की चमक और होठों की मुस्कान ने बहुत कुछ, बिना कहे ही व्यक्त कर दिया । तब उमेश ने डाक्टर जयप्रकाश से कहा कि जब वो पिछली बार उन से मिले थे तो ना जाने उन्होंने उस की शिखा पर क्या जादू कर दिया था कि अब वो पूर्णतया ही बदल गई है और फिर से पहले जैसी शिखा ही बन गई है ।

तब जब शिखा फिर डाक्टर जयप्रकाश से अकेले में मिली तो उसने उन्हें बताया कि उसने अपने मन के सारे बोझ, सारी व्यथा को अपने श्री कृष्ण कन्हैया की मूर्ति के साथ बाँट लिया है । किन्हीं तनहाइयों में उनसे उसने अपने मन की सारी बातें कह सुनाईं ।

आगे शिखा ने उन्हें बताया कि इस से मेरे मन का सारा बोझ बहुत हद तक हट गया । अब मुझे किसी भी प्रकार का कोई दुख दर्द भय या परेशानी नहीं है ।

इन्सान के लिए किसी को माफ़ करना इतना आसान नहीं होता । कोई भी व्यक्ति हो अथवा उसका कोई भी दोष हो । जब किसी को माफ़ कर दिया जाता है तो मनो-मस्तिष्क पर पड़ा हुआ उसका सारा बोझ कम हो जाता है । जिसे माफ़ कर दिया जाता है उसके दिलो-दिमाग का बोझ कितना कम हो जाता है इसे तो दोषी व्यक्ति ही अनुभव कर सकता है किंतु इससे उसे असीम आत्मसंतुष्टि भी मिलती है । इसके विपरीत क्षमा कर देने वाले व्यक्ति पर बहुत ही अधिक प्रभाव पड़ता है । उसकी आतंरिक अवस्था

व मनोमस्तिषक का बोझ रहित होना उसे एक प्रकार की अनूठी ही स्वतंत्रता के एहसास से सराबोर कर देता है । इस पर इसके विपरीत स्वयं को किसी अपराध बोध से मुक्ति के लिए अपने आप को ही क्षमा करना इतना सरल नहीं होता बल्कि दूसरे को क्षमा कर देने से अधिक ही कठिन होता है ।

कुछ लोग दूसरों को क्षमा करने का साहस तो जुटा लेते हैं किंतु उसी की तरह अपने आप को कभी भी क्षमा नहीं कर पाते हैं, और जब अपने आप को क्षमा कर पाने में वह सफल हो पाते हैं, तो विश्वास कीजिये कि उनकी प्रसन्नता व मनोमस्तिष्क पर छाए हुए विचारों के बोझ से उन्हें जीवन में मुक्ति मिल जाती है और यह स्थिति जीवन को मूल्यवान बनाती है ।

ठीक जिस प्रकार शिखा ने अपने विचारों के बोझ से मुक्त हो कर जीवन का वो सब कुछ पा लिया जो कि सब के लिए इतनी सुगमता से मिल पाना संभव नहीं हो पाता ।

किसी को माफ कर आत्मसन्तुष्टि पा लेना एक अलग बात है किंतु अपने आप को माफ़ कर जीवन में सब कुछ पा लेना और जीवन को सफल बना लेना दूसरी बात है ।

दूसरे को क्षमा कर देना बहुत सी बातों एवं परिस्थितियों पर निर्भर करता है किंतु स्वयं को माफ़ करना केवल आपकी अपनी मनोस्थिति के साथ दृढ़ मानसिकता पर भी निर्भर करता है ।

क्षमा कर देना एवं क्षमा मांग लेना । दोनों का ही अपना एक अलग ही महत्व है । यहां क्षमा कर देने से कोई हानि नहीं होती । कोई छोटा बड़ा नहीं हो जाता । वहीं पर किसी से अपनी भूल का एहसास होने पर उससे क्षमा मांग लेना भी एक अच्छी बात हो सकती है । यदि किसी को किसी से क्षमा मांग लेने से मानसिक शांति प्राप्त हो सकती है अथवा किसी झगडे या

लड़ाई का अंत हो सकता है तो इससे अच्छा सौदा या अधिक उचित, ऐसी बात का समाधान कोई अन्य नहीं हो सकता ।

आज सुबह की ही बात है । इस विषय पर ही इतना अच्छा उदाहरण देखने सुनने को मिला कि उसका वर्णन यहां करना उचित लगा ।

कुछ माह पहले ही अमेरिका में यहां 'कोरोना' वायरस की त्रासदी से स्थिति बहुत ही भयावह हो चुकी थी, सहसा ही एक अन्य घटना घटित हो गई । हुआ यूँ कि कुछ दिन पहले पुलिस द्वारा एक अश्वेत 'जॉर्ज फ्लॉयड' की, पुलिस नियंत्रण में प्रताड़ना के दौरान ही मृत्यु हो गई । इससे वहाँ की जनता में प्रतिक्रिया स्वरूप क्रोध का एक प्रकार का जन सैलाब सा ही आ गया था । जनता में बहुत अधिक रोष था । स्थिति इतनी अनियंत्रित तथा विस्फोटक हो चुकी थी कि एक बार तो वहाँ के राष्ट्रपति 'डोनाल्ड ट्रम्प' को व्हाइट हाउस के समीप सुरक्षा कारणों से एक बँकर में भी शरण लेनी पड़ी।

जब सुबह टी वी लगाया तो इसी विषय में एक न्यूज़ चल रही थी । अमेरिका में एक स्थान पर भीड़ इस प्रकार से अनियंत्रित हो चुकी थी कि पुलिस को उसे संभालना कठिन लगने लगा था । उस स्थान पर वहाँ के सुरक्षा कर्मियों ने कुछ ऐसा किया कि जनता के प्रदर्शन के दौरान वो प्रदर्शनकारियों के सामने घुटनों के बल झुक गए । अब प्रदर्शनकारियों के लिए यह सब अप्रत्याशित सा था । उनको समझ में ही नहीं आया कि सहसा ही यह सब क्या हो गया है ! एक प्रकार का पुलिस का आत्मसमर्पण! जन साधारण को इसमें अपनी जीत का एहसास हुआ या ग्लानि महसूस हुई, यह तो नहीं कह सकते पर इस पर प्रतिक्रिया के परिणाम स्वरूप, वो भी पुलिस के सामने नतमस्तक हो गई । वो सारे भी सुरक्षा कर्मियों के सामने घुटनों के बल झुक गए । स्थिति अप्रत्याशित तथा

शांतप्राय सी हो गई । परिणामस्वरूप सारी स्थिति नियंत्रण में हो गई और उपस्थित भीड़ वापस चली गई ।

यह अपनी भूल का एहसास होने का या क्षमा मांग लेने का एक अनुपम उदाहरण था । जो आज अर्थात दिनांक तीन जून २०२० को सुबह के टी.वी. के समाचारों में था ।

'क्षमाशीलता" विषय पढ़ते हुए जैसे ही मैंने उस डायरी के पृष्ठ समाप्त कर दृष्टि उठाई तो सामने वो साहिब उपस्थित थे । वो अब भी मुस्कुरा रहे थे तथा मेरी ओर ही निहार रहे थे । मुस्कुराते हुए ही मुझ से कहने लगे– 'क्षमाशीलता" के विषय में तुमने तो विस्तार पूर्वक पढ़ ही लिया है कि 'क्षमाशीलता" यहां मन की शांति के लिए बहुत आवश्यक है वहीं एक अच्छे व सफल सुव्यवस्थित जीवन के लिए भी अति आवश्यक है । यह तो सही है कि यहां दूसरों को क्षमा करना कठिन होता है वहीं अपने आप को क्षमा करना ओर भी कठिन होता है । इस गुण को जब इंसान अपने आप में समाहित कर लेता है तो अनायास ही वह अपने जीवन में वह सब कुछ भी पा लेता है जो कि अमूल्य होता है ।

(4)

सुख-दुःख

आज भी जैसे ही मेरी नींद खुली तो वो मेरी आँखों के सम्मुख ही खड़ा था । इसमें मुझे कोई भी आश्चर्य नहीं हुआ । क्योंकि पहले भी वो कई बार मेरी आँखें खुलने के पूर्व ही मेरे सामने उपस्थित होता था । किंतु इतना अवश्य ही था कि कई बार वो कुछ लंबी चौड़ी भूमिका बांधता था तथा कई बार वो कोई अधिक बात नहीं करता था । आज उसने बिना कोई भूमिका बांधे ही अपनी डायरी के लाए हुए पृष्ठ मेरी और बढा दिए और कुछ भी कहे बिना ही अंतर्ध्यान हो गया । मैंने तुरंत ही वो पृष्ठ अपनी अलमारी में रख दिए और उठ कर नित्य क्रम के लिए चल दिया । क्योंकि लेखन कार्य मैं अक्सर नहा धो कर तथा नाश्ता करने के पश्चात ही किया करता था ।

नाश्ता करने के पश्चात मैंने अलमारी में से वो पृष्ठ निकाले और उन्हें पढ़ते हुए लिखने का उपक्रम आरम्भ कर दिया ।

सुख और दुख ! जीवन के दो पहलू हैं ! हर कोई सुख ही चाहता है। दुखी होना कोई भी नहीं चाहता । इसके साथ ही सुख कब दुःख में परिवर्तित हो जाए अथवा दुःख का समय कब समाप्त हो जाए इसका पता भी नहीं चलता । वास्तव में जीवन में संतोष का बहुत अधिक महत्व है । कहते भी हैं कि जब आए संतोष धन, तब सब धन धूल समान । इसके लिए हमें समय-समय पर अपने मन को समझाना भी होगा तथा यथा संभव हर परिस्थिति में सहज होने का प्रयास भी करना होगा । फिर भी दुःख और

सुख में सहज होने के लिए इंसान को यह समझ लेना चाहिए कि यह दो अवस्थाएं मन की दो प्रकार की भावनाएं ही हैं ! कहते भी हैं कि जिसने इन दोनों भावनाओं पर नियंत्रण प्राप्त कर लिया उसने समस्त विश्व पर विजय प्राप्त कर ली । सुख और दुःख वास्तव में ही जीवन की उस सच्चाई से संबंधित हैं जिस पर सारे जीवन का आधार है । इसी से मोह और माया का भी सम्बन्ध होता है तथा इसी से जीवन में एक प्रकार की संतुष्टि का तारतम्य भी है । जिसने इस सब पर विजय प्राप्त कर ली, उसे जीवन की वो उपलब्धि प्राप्त हो गई जिसे जीवन की सफलता भी कहा जा सकता है अर्थात 'सफल जीवन'! ऐसे आदमी का जीवन एक 'सफल जीवन' भी कहा जा सकता है ।

किंतु जीवन में सुख दुख मन की ऐसी भावनाएं हैं जिन पर सहज में ही विजय प्राप्त नहीं की जा सकती । इस के लिए गहन चिंतन व आध्यात्मिक ज्ञान का उपलब्ध होना अत्यंत आवश्यक है । इस सब के अभाव में सुख दुःख के प्रभाव से कदापि भी विमुक्त नहीं हुआ जा सकता।

यहां जीवन में विपरीत परिस्थितियों के होते हुए भी महान संत, विचारक या ऋषि मुनी सुख के समय सुख से प्रभावित नहीं हुए, वहीं दुःख के रागय दुःख से भी तनिक भी विचलित नहीं हुए । ईसा मसीह की बात ली जाए या मीराबाई की । दोनों ने ही दुःख को भी अत्यंत सहजता से लिया । ईसा मसीह को सूली पर चढ़ा दिया गया, तो उस समय भी उन्होंने ईश्वर से यही प्रार्थना की कि हे ईश्वर ! इन सब को माफ़ कर देना क्योंकि यह सब नहीं जानते की यह क्या करने जा रहे हैं । इसी के साथ ही मीरा बाई को भी जब जेल में सज़ा के तौर पर विष का प्याला पीने को दिया गया तो उसने भी आध्यात्मिकता का मार्ग अपनाते हुए श्री कृष्ण की भक्ति में,

उसी के ध्यान में लीन हो कर बिना किसी संकोच के प्रसन्नता के साथ विष का प्याला पी लिया ।

बहुत सीमा तक सुख दुख हमारे अपने हाथ में भी है । कैसी परिस्थिति में हम कैसा अनुभव करते हैं, कैसी सोच रखते हैं यह हम पर भी निर्भर करता है । यदि आप दुःखमय परिस्थितियों में सकारात्मक सोच रखते हैं तो दुःख आप के लिए क्षणिक ही होगा । जैसे हम हैं, जैसी हमारी सोच है, वैसा ही हमारा संसार भी होगा । यदि हम दुखी हैं तो हमारा संसार भी दुखी होगा । उसी प्रकार यदि हम सुखी हैं तो हमारा संसार भी सुखी होगा । हमारी सोच का हम पर बहुत ही अधिक प्रभाव होता है । यदि हमारी मनोदशा सकारात्मक है और हम सोचते हैं कि यह स्थिति क्षणिक ही है तो हम दुखमय स्थिति में भी सुख का अनुभव कर सकते हैं अथवा हमें सुखी रहने के लिए सदैव सकारात्मक सोच रखते हुए प्रसन्नता का ही अनुभव करना चाहिए ।

'ब्रह्मा कुमारी' ईश्वरीय विश्वविद्यालय, की एक पत्रिका 'राजीखुशी' में एक साक्षात्कार में सुख-दुख के सम्बन्ध में एक बहुत ही प्रभावित करने वाली घटना का उल्लेख है जिसमें सूरज भाई कहते हैं कि सुख-दुख का एक खेल चल रहा है । इस से जीवन को कभी भी प्रभावित नहीं होने देना चाहिए। इस पर वो एक दिवालिया व्यापारी की कहानी का वर्णन करते हैं। जिसे उनके एक परिचित व्यापारी ने उन्हें बताया था । वह व्यापारी कहते हैं कि जब मैं भारत से अफ्रीका में आया था तो केवल एक बैग और एक सूट केस ले कर आया था । मेरे पास कुछ भी नही था । मैने एक छोटी सी नौकरी की थीं । केवल पच्चीस तीस सालों में ही मैं बहुत बडा, 47 देशों में फैले हुए व्यापार का मालिक बन गया । मैने व्यापार का सृजन किया था।

मैं व्यापार का एक सृजन कर्ता हूँ । चलो एक व्यापार नष्ट हो गया,पैसा चला गया, तो क्या ? मैं तो ज़िंदा हूँ । जब एक सृजन कर्ता, एक क्रिएटर ज़िंदा है तो मैं फिर नया व्यापार बना लूँगा । वो टैलेंट मेरे पास है । मुझे भी उसकी बात सुन कर बहुत अच्छा लगा । इंसान को हर सुख दुःख में, हर परिस्थिति में ऐसा ही होना चाहिए ।

मेरा एक मित्र है। छोटी उम्र तो नही थी अभी उसकी । पढ़ाई में उसने स्नातक कर ली थी किंतु आगे पढ़ाई न कर के उसने दुकान करने की सोच ली थी । फिर उसने अपनी सोच के अनुसार ही ऐसा किया भी । कुछ दिन तो सब कुछ ठीक से चलता रहा किंतु फिर कुछ ही दिनों में वो हतोत्साहित सा हो गया । यहां तक कि घर बार सब कुछ छोड़ कर चले जाने का भी मन बना लिया । इसी प्रकार कुछ दिन ओर बीत गए । इससे पहले की अपने निर्णय को क्रियान्वित कर पाता, सहसा ही उसने अपने पूर्व निर्णय को स्थगित कर शिक्षा के क्षेत्र में अपने भाग्य को आज–माने का निर्णय ले लिया। बस ! फिर क्या था ? भाग्य ने भी साथ दिया और उसने परिश्रम भी किया। दिन दोगुना, उन्नति की सीढ़ियाँ चढ़ता चला गया और कुछ ही दिनों में उसका नाम जाने माने निजी विद्यालय संस्थापकों में होने लगा । आज क्षेत्र में बहुत से विद्यालय उसके नाम से चल रहे हैं । यह सुख दुःख का खेल जीवन में चलता ही रहेगा जब तक कि यह जीवन है । इस समय आवश्यकता है तो केवल अपनी सोच को, अपने दृष्टिकोण को, परिवर्तित करने की ।

सुख-दुख तो वास्तव में जीवन के दो पहलू हैं । इनको हमें सकारात्मक तथा नकारात्मक परिस्थिति के रूप में ही लेना चाहिए । इसके

साध ही यह भी स्मरण रखना चाहिए कि सकारात्मक भाव ही जीवन में सच्ची खुशी अर्थात सुख प्रदान करता है ।

पानी का आधा भरा हुआ गिलास या आधा खाली गिलास । सब का अपना अपना दृष्टिकोण है । यदि आपकी सोच सकारात्मक है तो वही पानी का आधा गिलास आपको पानी का आधा भरा हुआ गिलास लगेगा और यदि आपकी सोच नकारात्मक है तो वही पानी का गिलास आपको आधा खाली गिलास लगेगा । सकारात्मक सोच हमें सदैव ही हमारी सोच को सही दिशा में ही ले जाएगी । इस लिए अच्छे व एक सफल जीवन के लिए सोच सदा सकारात्मक ही होनी चाहिए ।

सब से बड़ी बात जो कि हमें दुःख में अधिक दुखी व सुख में अधिक सुखी बनती है वो यह कि हम हर परिस्थिति में अपने लिए एक सहयोगी ढूँढ़ते हैं । ऐसा सहयोगी जो की हमारी ही तरह की सोच रखता हो । जो हमारे सुख में हमारी प्रशंसा करे । हमारा साथ दे । हमारी तरह से ही प्रसन्नता का अनुभव करे । हमें प्रोत्साहित करे तथा दुःख में हमारे साथ ही दुखी हो जाए। ऐसे साथी हम अधिक से अधिक चाहते हैं किंतु ऐसे साथियों से हमारा दुःख या सुख कम नहीं होता बल्कि उसे ओर भी अधिक विस्तार मिलता है । ऐसे समय में स्वयं अपनी सोच को ही परिवर्तित करते हुए आध्यात्मिकता की ओर ले जाना चाहिए । इससे हमारी सोच, हमारा व्यवहार व हमारा जीवन संतुलित होगा ।

जीवन एक चलती हुई रेलगाड़ी की तरह है जो कि निरंतर अपनी निर्धारित अथवा निश्चित गति से अपनी मंज़िल की ओर चलती जा रही है। बिना किसी रुकावट के । इसकी गति में कभी भी कोई बाधा नहीं आती। आ ही नहीं सकती । जैसे ही इसकी गति में कोई बाधा उत्पन्न हुई वैसे ही

इन्सान के जीवन का भी अंत हो गया । जैसे ही इस जीवन के मार्ग में किसी भी प्रकार का कोई भी संकट उत्पन्न हुआ वैसे ही उससे इंसान का संपूर्ण जीवन भी प्रभावित हो गया ।

जीवन रूपी रेलगाड़ी चलती जा रही है । मार्ग में कई प्रकार के दृश्य दृष्टिगोचर हो रहे हैं । कई प्रकार के मौसम परिवर्तित हो रहे हैं । कई स्टेशन आ रहे हैं । कई यात्री रेलगाड़ी में चढ़ रहे हैं। कई उतर रहे हैं । कई आ कर आपके सामने या आपके साथ की बर्थ पर बैठ रहे हैं । कइयों से आपका परिचय होता है । बहुत देर तक आपका उन के साथ, साथ रहता है । फिर सहसा ही उनका निर्धारित स्थल आ जाता है या आपको यहां जाना होता है वही मंज़िल आ जाती है । फिर आप एक दूसरे से स्मरणीय अविस्मरणीय यादें या अनुभव ले कर बिछुड़ जाते हैं । कई बार तो हमेशा हमेशा के लिए अथवा कई बार कुछ देर के लिए । दोनों ही अवस्थाओं में सुख या दुःख के भावों की उत्पति अवश्य ही होती है । कई बार जब बिछोह सदैव के लिए या लम्बे समय के लिए होता है तो दुःख का भाव अधिक ही प्रभावी हो जाता है। तब उस सुख के भाव का स्मरण नहीं रहता जो हमें यात्रा के दौरान उसके समीप्य से प्राप्त हुआ होता है । इसी प्रकार की दो अवस्थाएं अथवा मनोभाव ही मनुष्य को अपने संपूर्ण जीवन में प्रभावित किये रहते हैं ।

यदि ऐसे भाव या अवस्थाओं को स्वाभाविक मान लिया जाए और गंभीरता से न लिया जाए तो इससे इंसान की मानसिक अवस्था एवं दैनिक-दिन की दिनचर्या पर भी स्वाभाविक रूप से गहन प्रभाव पड़ता है ।

इससे पहले भी इस बात पर चर्चा की हो गई है कि जीवन में सफलता इंसान के पास सब कुछ होना नही होती बल्कि इसमें जीवन को पूर्ण रूप से समझ पाने तथा उसी के अनुरूप जीवन यापन से होती है ।

इस संदर्भ में महाराजा 'अशोक दी ग्रेट' की जीवनी का स्मरण हो आता है । महाराजा अशोक (३०४ बी.सी.ई.) में पाटलिपुत्र में पैदा हुए थे। वे राजा बिंदुसार व रानी शुभद्रांगी के बेटे थे । उन्होंने (२६८ से २३२ बी.सी.ई.) तक राज किया । जब उन्हें राज सिंहासन प्राप्त हुआ तो सीमाओं की सुरक्षा के लिए उन्हें बहुत से युद्ध लड़ने पड़े । इस सिलसिले में सबसे प्रसिद्ध युद्ध है 'कलिंग' का युद्ध । यह युद्ध इतना भयंकर था कि इतिहास कार कहते हैं इस युद्ध में लगभग ३,००,००० के करीब लोग मारे गए थे । हज़ारों औरतें विधवा हो गईं । लाखों लोग अपंग तथा बेसहारा हो गए । इसमें इतना नर संहार व जन–धन की हानि हुई कि जिसकी कल्पना मात्र से ही रूह कांप जाती है । इस भयंकर युद्ध तथा इसके परिणाम से सम्राट अशोक के हृदय पर इतना गहरा आघात पहुंचा कि उनका हृदय सदैव के लिए ही परिवर्तित हो गया । उन्होंने सदा के लिए युद्ध न करने का प्रण ले लिया । इसके पश्चात ही वह बौद्ध धर्म के अनुयायी बन गए । फिर उन्होंने अपना संपूर्ण जीवन बौद्ध धर्म के प्रचार-प्रसार में लगा दिया ।

इसके पश्चात उन्होंने धार्मिक कार्यों में रूची लेना आरंभ कर दिया तथा इसके साथ ही उन्होंने धर्म परिवर्तन का भी मन बना लिया तथा सदैव के लिए बोध धर्म को अपना लिया । इसके लिए उन्होंने सार्वजनिक समाजिक उत्थान के लिए नैतिकता, उदारता तथा भाईचारे का सन्देश देने के लिए कई स्तम्भों, शिलालेखों तथा भवनों का निर्माण भी करवाया । इसके लिए उन्होंने अपना सारा जीवन बोध धर्म के लिए ही उत्सर्ग कर दिया । उन्होंने अपने पुत्र तथा पुत्री को भी भिक्षु एवं भिक्षुणी के रूप में बोध धर्म के संदेश के ही प्रचार एवं प्रसार के लिए देश विदेश में भेजा ।

इस प्रकार उनके जीवन में आया हुआ परिवर्तन उनकी सोच व विचारों में हुए परिवर्तन के साथ उनके जीवन की सफलता का भी परिचायक है । ऐसे जीवन को जो सदैव अच्छे कार्य के लिए ही समर्पित हो जाए, जिसमें कि कोई स्वार्थ-भाव न हो । किसी दुःख या सुख की अनुभूति से जो परे हो। ऐसे जीवन को ही एक 'सफल जीवन' कहा जा सकता है । जिस से अपने अंतिम समय में भी पूर्ण संतुष्टि व परम शांति का आभास परिलक्षित होता हो । ऐसे ही जीवन के विषय में कहा जा सकता है कि यह जीवन एक 'सफल जीवन' रहा है ।

इस सिलसिले में प्रसिद्ध कवि 'गेटे', जिनका पूरा नाम 'वुल्फ गेंग गोथे' था तथा वह एक अच्छे लेखक, उपन्यासकार व वैज्ञानिक भी थे । उनका कहना है कि मेरी दृष्टि में राजा हो या किसान, सब से अधिक सुखी वो है जिसको घर में उपस्थित होने पर एक तरह की शांति प्राप्त होती है । एक प्रकार के सुकून का सा आभास होता है ।

सुख की खोज करते करते इंसान की संपूर्ण आयु बीत जाती है । इंसान आयुपर्यन्त धन दौलत कमाने के चक्कर में लगा रहता है कि शायद इसी से जीवन का सारा सुख प्राप्त होता हो, लेकिन अंत में यह सब भी मिथ्या-भ्रम ही साबित होता है । दौलत की इंसान को इतनी ही आवश्यकता होती है, जिससे कि उसकी दिन प्रतिदिन की आवश्यकताएं पूर्ण होती रहें। अधिक धन दौलत व सुख सुविधाओं के होने से भी जीवन में अशांति ही उत्पन्न होती है । सुख- शांति नहीं मिल पाती ।

ऐसा ही जीवन 'नेल्सन मंडेला' का भी रहा है । जो १८ जुलाई १९१८ से लेकर ५ दिसम्बर २०१३ तक दक्षिण अफ्रीका के अश्वेत भूत-पूर्व राष्ट्रपति भी रहे हैं । वी सदियों से चल रहे श्वेत आंदोलन के अग्रणी नेता भी रहे हैं ।

उन्होंने अपने जीवन के २७ वर्ष रोबिन द्वीप के कारागार में एक कोयला खनिक के रूप में भी गुजारे थे । उन्होंने अपना सारा जीवन रंग भेद विरोधी आंदोलन के लिए समर्पित कर दिया तथा अंत में अश्वेत सरकार के साथ समझौता कर के दक्षिण अफ्रीका के संस्थापक के रूप में प्रसिद्ध हुए । यहां तक कि संयुक्त राष्ट्र संघ द्वारा उनका जीवन 'नेल्सन मंडेला अंतर्राष्ट्रीय दिवस' के रूप में भी मनाया जाता है । उन्होंने भी अपने जीवन के एकमात्र उद्देश्य को प्राप्त कर लिया था तथा अपना अंत समय मानवता की सेवा में लगे हुए ही अपने जीवन की महान उपलब्धि तथा चरम शांति को प्राप्त कर सफल कर लिया । ऐसे महान इंसान को जिसने अपना सारा जीवन निस्वार्थ भाव से सदैव लोगों के भले के लिए ही जीया हो, उसके विषय में यह भी कहा जा सकता है कि उसने एक 'सफल जीवन' को प्राप्त कर लिया था ।

ऐसी ही एक महान विभूति के रूप में 'मदर टेरेसा' भी हुई हैं । जो २६ अगस्त १९१६ में मेसेडोनिया में पैदा हुई थीं तथा उसकी मृत्यु भारत में ५ सितम्बर १९९७ में कोलकाता नाम के स्थान पर हुई ।

'मदर टेरेसा' ने अपना सारा जीवन मानवता की सेवा में लगा दिया था। लोग तो सदा अपने लिए जीते हैं किंतु 'मदर टेरेसा' ने अपना सारा जीवन दूसरों के लिए समर्पित कर दिया था । उन्होंने अपने जीवन के उद्देश्य की पूर्ति के लिए तथा मानव जाति की भलाई के लिए 'मिशनरीज ऑफ चैरिटी' की स्थापना भी की थी ।

उनके पिता का नाम 'निकोला गोंझा बोयाजीज' था । वह एक प्रसिद्ध व्यापारी थे । 'मदर टेरेसा' की एक बड़ी बहन तथा एक छोटा भाई था । वह एक सुन्दर महिला थीं । वो अपने आरंभिक जीवन काल में ही अपनी माँ के

संग गिरजाघरों में जाती थीं तथा वहाँ पर भक्ति गायन भी करती थीं । उन्हें शुरू में ही इस बात का आत्मिक अनुभव हो गया था कि वह अपना जीवन मानव सेवा में ही लगाएंगी । वो अपनी आठ वर्ष की आयु में ही एक संस्था सिस्टर्स 'ऑफ़ लोरेटो' में सम्मलित हो गईं थीं । इसी संस्था के माध्यम से ही वो ६ जनवरी १९२९ को भारत चली आईं तथा वहाँ 'लोरेंटो कान्वेंट' में छोटे बच्चों को पढ़ाने का काम आरम्भ किया ।

वो बहुत ही अनुशासन प्रिय महिला थीं । उनके विद्यार्थी उनका बहुत सम्मान करते थे । यहां फिर वो मुख्य शिक्षिका भी बन गईं थीं । निर्धन, लाचार, बेसहारा व रुग्ण व्यक्तियों के प्रति उनके दिल में बहुत ही करुणा का भाव था । ऐसे लोगों को देख कर उनका मन बहुत ही द्रवित हुआ करता था तथा वह सदैव ही इस प्रकार के असहाय लोगों की मदद के लिए तत्पर रहती थीं । हालांकि कई बार कुछ विशेष परिस्थितियों में उनके हृदय में वापस अपने देश चले जाने का विचार भी आया था, किंतु १९४३ मं पड़े भीषण अकाल तथा १९४६ में हुए हिन्दू मुस्लिम दंगों से उनका मन कुछ इस प्रकार से विचलित हो गया कि फिर उन्होंने जीवन प्रयत्न भारत में ही रहते हुए मानवता की सेवा करने का निर्णय ले लिया । इसके पश्चात उन्होंने पटना के 'हौली फैमिली हॉस्पिटल' में नर्सिंग का प्रशिक्षण लिया तथा निर्धन लाचार बुजगों की सहायता करने वाली संस्था से जुड़ गईं । वहाँ उन्होंने घायल व बीमार लोगों की तन मन धन लगा कर सेवा श्रुषा की । जिस से वह कि वह देश भर की निगाहों में आ गईं फिर धीरे धीरे उनके महान कार्य की चर्चा दुनिया भर में भी होने लगी । जिसके लिए कि सभी ने उनके इस निस्वार्थ भाव से किये जा रहे कार्य की भूरी भूरी प्रशंसा की ।

इस अध्याय में ऐसी विभूतियों की चर्चा इसलिए की गई है कि इनके विषय में क्या कहा जा सकता है कि इनका जीवन कैसा था ? उन्होंने अपने जीवनकाल में कैसा जीवन जिया ? नि-संदेह ही उनके जीवन को एक 'सफल जीवन' कहा जा सकता है। अंत में मृत्यु के समय में भी ऐसे व्यक्तियों के चेहरे पर जो परम शांति तथा संतुष्टि का भाव परिलक्षित होता है उसे देख कर कोई भी कह सकता है कि उन्होंने एक 'सफल जीवन' जिया है।

इस संदर्भ में 'पुरुषोत्तम दास टंडन' जी, जो कि एक स्वतंत्रता सैनिक भी थे तथा जिन्हें 'राज-श्री' अर्थात राजा+ऋषि की उपाधि से भी सम्मानित किया गया था, कहते हैं कि मेरी हार्दिक इच्छा है कि मेरे पास जो भी थोडा बहुत धन शेष है, वह सार्वजनिक हित के कार्यों में यथा शीघ्र खर्च हो जाए। यहाँ तक कि मेरे अंतिम समय में एक पाई भी ना बचे । मेरे लिए सबसे बड़ा सुख यही होगा ।

(5)

ख़ुशियाँ प्राप्त करो

'**अब** जो मैं तुम्हें पृष्ठ दे रहा हूँ वो सब हैं जीवन में आपकी खुशी के लिए कि जीवन में सच्ची खुशी को कैसे प्राप्त किया जा सकता है । जीवन में सच्ची खुशी का मिल पाना जितना कठिन है यदि प्रयास किया जाए तो उतना ही सुगम भी हो जाता है ।" कहते हुए उसने अपनी डायरी के कुछ पृष्ठ मेरी ओर बढ़ा दिए ।

'इन्हें पढ़ो तथा अपनी सुविधानुसार अपनी पुस्तक में सम्मलित करो ताकि तुम्हारे पाठक भी जान सकें कि जीवन में सच्ची ख़ुशियों को कैसे प्राप्त किया जा सकता है ।"

जैसे ही मैंने उसके हाथ से डायरी के पृष्ठ ले कर उसकी ओर देखना चाहा तो वो एक स्वप्न की भाँति ही वहाँ से अदृश्य हो चुका था । मैंने फिर एक गहरी सांस ली तथा उसके दिए हुए डायरी के उन पृष्ठों को पढ़ना शुरू कर दिया ।

ख़ुशियाँ कहीं बाहर से नहीं प्राप्त की जा सकतीं । ख़ुशियाँ इंसान के भीतर ही हैं । इन्हें भीतर से ही प्राप्त किया जा सकता है । इसके लिए इंसान को स्वयं में परिवर्तन लाने की आवश्यकता होती है । अपनी सोच में परिवर्तन । अपने व्यवहार में परिवर्तन । इसकी कभी भी किसी से अपेक्षा नहीं की जा सकती । इसके लिए सदैव इस बात का स्मरण रखना चाहिए

कि इंसान सदैव ही सर्वदा समर्थ नहीं है । सदैव वही नहीं होता जिसकी कि अपेक्षा की जाए । बहुत कुछ अनपेक्षित भी होता है ।

कहते हैं कि इंसान को जीवन में कुछ न कुछ करते ही रहना चाहिए, किंतु कुछ मिल जाने से अधिक खुश तथा कुछ न मिलने से दुखी भी नहीं होना चाहिए । इस संदर्भ में 'श्रीमदभगवदगीता' में कहा भी गया है कि 'कर्मण्य वाधिता रस्ते' अर्थात कर्म किये जा फल की चिंता मत कर इंसान। इसमें संभावित तर्क हो सकता है कि इंसान जब भी कोई काम करता है, करता तो वो इसके फल की प्राप्ति के लिए ही है । फिर फल की प्राप्ति की चिंता क्यों न करे ? इस बात को समझने की आवश्यकता है । कर्म करो। फल की आस भी करो किंतु अपेक्षित फल न मिलने पर निराश न हो जाओ। उसके लिए फिर से प्रयत्नशील हो जाओ ।

अब किसी काम के लिए फिर से प्रयत्न शील हो जाना या न होना तो इंसान की अपनी इच्छा पर निर्भर है किंतु जब उसे चाहे अनुसार परिणाम नहीं मिलता तो तब निराशा का दामन थामने की अपेक्षा किये गए कार्य के परिणाम से विचलित ना होते हुए उसे सहज में ही लेना चाहिए । अपने व्यवहार को, अपने व्यक्तित्व को असंतुलित नहीं होने देना चाहिए ।

सदैव इस बात को ध्यान में रखना चाहिए कि मेरी खुशी मेरे ही हाथ में है । यह मुझे किसी से मिलने वाला ऐसा कुछ नहीं है जिसकी कि कहीं अन्यंत्र आशा की जाए । आप स्वयं ही जिस हाल में भी हैं उसी में खुश रहना सीखिये । किशोर हैं,जवान हैं, स्वस्थ हैं, रुग्ण हैं । अमीर हैं या निर्धन हैं । उसी अवस्था में ही खुश रहना सीखिये । रुग्ण अवस्था में हैं तो भी समझ लेना चाहिए कि अब यही मेरी अवस्था है । यह भी मुझे स्वीकार्य है। निर्धन हूँ तो निर्धनता भी मुझे स्वीकार्य है । धनी हूँ तो जितना धनी हूँ वो भी

मुझे स्वीकार्य है। अब इसका यह अर्थ कदापि नहीं है कि हमें हर परिस्थिति को स्वीकार्य कर के उन्नति के लिए संघर्षशील नहीं होना चाहिए। कहने का आशय यह है कि हर परिस्थिति में खुश ही रहना चाहिए चाहे कैसी भी परिस्थिति हो । जब आप हर हाल में जीना सीख जाते हैं, परिस्थितियों से आप को ताल मेल बैठा कर जीना आ जाता है तो आप की खुशी आप से कोई भी नहीं छीन सकता । तब बहुत सी इच्छाएं आपकी चाहे अनचाहे स्वतः ही पूर्ण हो जाती हैं । कहते भी हैं कि जब इंसान को जीवन की सच्ची खुशी मिल जाती है तो तब उसके चाहने के लिए कुछ भी शेष नहीं रहता ।

यह कह देना तो बहुत ही सरल है कि खुश रहना इंसान पर स्वयं निर्भर करता है किंतु हर इंसान को इतने तनाव, अभाव, बीमारीयां तथा चिंताएं घेरे रहती हैं कि चाहते हुए भी इंसान अपने आप को खुश नहीं रख सकता और यह सब स्वाभाविक भी है। आखिर इंसान कोई यंत्र तो हैं नहीं। वो तो इसके लिए केवल सोच ही सकता है, प्रयास ही कर सकता है।

वैसे प्रयास के रूप में इतना भी काफी है । इस सम्बन्ध में ललित गर्ग 'राजी खुशी" में लिखते हैं कि ब्लॉगर लोरी देशने मानती हैं कि 'खुशी के लिए एक नहीं, कई चुनाव करने पड़ते हैं । चुनाव यह कि हम खुद को हर हाल में स्वीकार करें । अपनी ज़िम्मेदारियाँ उठाये और सबसे ज़रूरी है कि कठिन समय में भी हिम्मत बनाए रखें ।' जीवन में खुश हाल माहौल निर्मित करने के लिए उन चीज़ों के लिए आभार व्यक्त करे जो कि जीवन में कभी हुई ही नहीं । वो सब जिसके न होने के लिए हम भगवान को धन्यवाद दे सकते हैं । इससे भी हमें सामयिक खुशी हासिल हो सकती है ।

एक बार एक बुजुर्ग जिनकी उम्र लगभग पच्चासी वर्ष थी वो बहुत ही तन्मयता से कार चला रहे थे । तब उनसे किसी ने पूछा कि दादा जी आप

इस आयु में भी इतने चुस्त दुरुस्त व खुश हैं। इस का रहस्य क्या है? वे मुस्कुराते हुए बोले कि फिर कभी बताऊंगा। वो बुजुर्ग महोदय एक बड़े रेस्टोरेंट तथा एक फ़ैक्टरी के मालिक थे और वो गले के कैंसर नाम की ला-इलाज बीमारी से पीड़ित थे। वह नियमित रूप से दोनों ही स्थानों पर पहुंचते और अपने कर्मचारियों के साथ काम करते । उन्हें कभी भी किसी ने उदास नहीं देखा । वो सदैव ही खुश रहते थे तथा उनकी फ़ैक्टरी और रेस्टोरेंट के कर्मचारी भी सदैव ही खुश रहते थे तथा अपने कर्मचारियों को नई नई बातें बता कर हमेशा खुश रखने का प्रयास करते । उनका कहना था कि अन्य लोग उनकी कार्य शैली व अनुभव से शिक्षा ग्रहण करें तथा हमेशा खुश रहें ।

ऐसे ही कई उदाहरण हैं जब दिव्यांग अपने जीवन में सदा ही कार्यरत व खुश रहे । जैसी भी उनकी अवस्था थी उसे स्वीकार किया और हँसी खुशी जीवन जीते हुए अपार सफलता भी हासिल की तथा अन्य लोगों के लिए एक उदाहरण भी बने ।

आपकी सोच,आपका व्यवहार संयमित ही रहना चाहिए अर्थात आपको सदैव किसी भी कार्य के प्रभाव से अप्रभावित ही रहना चाहिए । बहुत सी ख़ुशियाँ हमें परिवार में आपसी व्यवहार, बोल-चाल, सोच व कार्यशैली भी प्राप्त होती हैं । परिवार में कोई एक दूसरे साथ कैसा व्यवहार करता है । एक दूसरे के साथ कैसा बोलता है । परिवार का वातावरण कैसा है ।

इस सब के अतिरिक्त इंसान के वातावरण तथा पारिवारिक तारतम्य का भी इंसान की ख़ुशियों पर अपेक्षित प्रभाव पड़ता है । आपके आस-पास तथा परिचित, संबंधियों के साथ आपकी व्यवहार कुशलता पर भी बहुत

कुछ निर्भर करता है किंतु इस सब में सर्वप्रथम आता है आपकी अपनी सोच तथा व्यवहार कुशलता। यदि आपका व्यवहार तथा दूसरों से अपेक्षाएँ संयमित हैं तो इससे भी आपकी दिनचर्या तथा खुशी पर समुचित प्रभाव पड़ता है ।

वास्तव में इंसान की जीवन शैली तथा आंतरिक ख़ुशियाँ बहुत सीमा तक उसकी अपनी संकल्प शक्ति पर भी निर्भर करती हैं । जब इंसान किसी बात का संकल्प कर लेता है और उस पर दृढ़ रहता है तो उसे उसमें सफलता भी मिलती है तथा खुशी भी । ख़ुशियाँ प्राप्त करने के बहुत से मार्ग हैं ख़ुशियाँ हमें किसी की सहायता करने से भी प्राप्त होती हैं । कोई भी प्राणी हो चाहे इंसान हो या पशु-पक्षी, जिसे भी सहायता की आवश्यकता हो, आप एक बार दिल से, प्यार से, निस्वार्थ सेवा-भावना से उनकी सहायता कर के तो देखिये । सहायता जिस रूप में भी आप करेंगे, चाहे किसी का हाथ पकड़ कर उसे सुरक्षित राह दिखाएँगे, चाहे धन-दौलत से या किसी का दुःख-दर्द बाँट कर, किसी भी रूप में आप किसी के भी काम आयंगे तो आप पाएंगे कि आपको कितनी आंतरिक खुशी का एहसास होता है ।

जब भी हम दिल से किसी की सहायता करते हैं या अपने कर्तव्य का पालन करते हैं तो इससे हमें जो आंतरिक खुशी मिलती है या जो प्रसन्नता का एहसास होता है, जो आत्मिक संतोष प्राप्त होता है वो हमारी वाणी तथा व्यवहार में भी झलकने लगता ही । इससे हमारे व्यक्तित्व में भी सकारात्मक तथा अपेक्षित परिवर्तन होता है । इससे व्यक्ति तनाव मुक्त एवं प्रसन्न रहता है। इससे जो संतुष्टि एवं आनंद प्राप्त होता है, उससे इंसान का स्वास्थ्य भी

सदैव ठीक रहता है तथा उसे अपने जीवन के सफल होने के साथ साथ ही एक अपूर्व आनंद की भी अनुभूति होती है ।

अपने जीवन में अनंत ख़ुशियों प्राप्त करने के के लिए सदैव ही अच्छा सोचो एवं उसको प्राप्त करने के लिए ही प्रयास करो ।

इस संदर्भ में 'मार्टिन लूथर किंग' कहते हैं कि हमारे जीवन का उसी दिन से अंत हो जाना शुरु हो जाता है जिस दिन से हम उस विषय में ही सोचना छोड़ देते हैं जो कि हमारे लिए बहुत महत्व रखते हैं अर्थात हमें सदैव ही ऐसे विषय पर मनन करते रहना चाहिए अथवा ऐसा सोचना चाहिए एवं उसके लिए प्रयतनशील हो जाना चाहिए जो कि हमें अपार प्रसन्नता देता हो।

इस विषय के अंतर्गत एक घटना का उल्लेख करना चाहूँगा कि किस प्रकार कुछ अच्छा करने या अच्छा चाहने से उसका आगे भी प्रभाव होता है। एक बार की बात है कि मेरी नौकरी कहीं अन्यंत्र स्थान पर लगी हुई थी। वो छोटा सा स्थान था । यहां पर हम कुछ साथी रहा करते थे । वहाँ पर आने जाने की सुविधा कम थी । विशेष कर शाम के बाद सुबह तक वहाँ पर गाड़ी वगैरह का कोई प्रबंध नहीं था । इस कारण आस–पास के लोगों के बीमार होने पर उनकी सहायता वहाँ रहने वाले, जिनके पास गाड़ी की सुविधा थी वही कुछ पैसे ले कर कर दिया करते थे । एक बार की बात है कि एक बीमार महिला और उसके सम्बन्धी वहाँ पर आए। उन्हें किसी गाड़ी की आवश्यकता थी । तब वो मेरे एक कर्मचारी मित्र के पास पहुंचे । उन के बीच किराए वगैरह की बात हुई किंतु बात बन नहीं पा रही थी । तब मैंने अपने उस मित्र से कहा कि कोई बात नहीं थोड़े कम पैसे ही ले लो । इस पर वो मान गया । लगभग 10 किलोमीटर का सफर था । जब वो जाने लगे तो

मेरे मित्र ने मुझे भी साथ चलने के लिए कहा । कहने लगा कि थोड़ा सा ही सफर है, साथ रहेगा । हम शीघ्र ही आ जाएंगे । मैंने कहा ठीक है और मैं भी उनके साथ ही चल पड़ा । कुछ ही देर में हम वहाँ हॉस्पिटल में पहुँच गए और बीमार महिला तथा उसके सम्बन्धियों को वहां पर उतार दिया । तब कुछ ऐसा हुआ कि सहसा ही मेरा मित्र मेरे पास आया और मुझे कहने लगा कि मेरा मन कर रहा है की मैं थोड़े कम पैसे लूँ । आप क्या कहते हैं । इस पर मैंने उससे कहा,– 'देखो तुम एक अच्छा काम करने की सोच रहे हो । अच्छा काम करने के लिए किसी से पूछने की क्या आवश्यकता है । हाँ ! यदि अनुचित कार्य होता उसके लिए मुझ से पूछते तो बात अलग होती, किंतु सही और अच्छे काम के लिए ना ही तो किसी से पूछने की आवश्यकता है न ही पूछना ही चाहिए ।"

अब इस सारी घटना को बताने का अर्थ है कि किस प्रकार एक अच्छे कार्य की शुरुआत भी अच्छे कार्य के लिए दूसरे को भी प्रोत्साहित करती है। अच्छाई की बेल भी एक बार लगा देने से स्वयमेव ही फलती फूलती चली जाती है ।

इस प्रकार जहां इस बात का उल्लेख किया गया है कि प्रसन्नता या ख़ुशियाँ प्राप्त करना इंसान के अपने हाथ में तो है ही इसके साथ ही उन्हें दूसरों में बांटने से अपनी ख़ुशी भी दोगुना बढ़ती है । हमें अपने जीवन के साथ साथ दूसरों के जीवन को भी सदैव ख़ुशियों से भरने का प्रयास करना चाहिये । ख़ुशियों को सहेज कर रखने का एक उपाय यह भी हो सकता है कि सदैव नए दिन के आरंभ में हम पिछले दिन के बारे ने सोचें कि ऐसा कौन सा कार्य था जिसके करने से मुझे प्रसन्नता प्राप्त हुई थी अथवा ऐसा कौन सा कार्य था जिस कारण मुझे दुःख उठाना पडा था । इससे आपको

यह समझने में सुविधा होगी कि किस कार्य को करने से मुझे खुशी मिलती है तथा किस कार्य के करने से मुझे दुःख प्राप्त होता है । फिर क्यों ना मैं ऐसे ही कार्य करने का प्रयास करूँ जिससे कि मुझे सदैव प्रसन्नता ही मिले । ख़ुशियों को पाना और उन्हें सहेज कर रखना भी एक प्रकार का कौशल ही है । इसको सदैव जीवित रखने का मार्ग इंसान की अपनी दृढ़ आत्मिक शक्ति था संकल्प पर ही निर्भर करता है ।

ख़ुशियाँ सद्कर्मों से भी प्राप्त होती हैं । बहुत बार ऐसा भी होता है कि इंसान द्वारा किया गया कोई भी कर्म सहसा ही उसको तो एक सही व सच्चा मार्ग दिखाता ही है बल्कि इसके साथ ही दूसरों के ऊपर भी ख़ुशियों का खजाना लुटा देता है ।

आगे दी हुई एक ऐसी घटना से पता चलता है कि अच्छाई तो सभी के भीतर होती है । फिर जब इसे करने का अवसर मिलता है तो यह अपने साथ साथ ही दूसरों को भी अपार ख़ुशियाँ दे जाती है ।

एक बार एक आदमी एक बस में सफर कर रहा था । जब वो बस में था तो इसी बीच उसकी जेब कट गई । जब वो बस से नीचे उतारा तो जैसे ही उसने अपनी जेब में हाथ डाला तो तब उसे इस बात का पता चला । उस को एक झटका सा लगा । रोने को हो गया ।

उसकी जेब में कुल ९० रुपये थे । जो उसने आज अपनी मां को भेजने के लिए रखे थे । साथ में ही उनके उसने एक पत्र भी लिख कर रखा था कि मां इस बार मैं तुम्हें इतने ही रुपये भेज रहा हूँ । असल में मेरी नौकरी छूटा गई है । अब जब तक मुझे कोई नई नौकरी नहीं मिल पाती मैं तुम्हें पैसे नहीं भेज पाउँगा । यह पत्र उसने तीन चार दिन पहले लिखा था किंतु पोस्ट नहीं

किया था । वो इस बात को सोच कर पत्र भेजने का साहस ही नहीं कर पा रहा था कि उसका यह पत्र पा कर उसकी मां भी परेशान हो जाएगी ।

देखा जाए तो ९० रुपये कोई बहुत बड़ी बात नहीं होती लेकिन जिसके पास कुल मात्र हों ही ९० रुपये तो उसके लिए तो यह बहुत बड़ी बात होगी ही । उसके लिए तो ९० रुपये ९०० रुपयों से कम नहीं थे । उस समय तो ९० रुपये वैसे भी बहुत बड़ी रकम हुआ करती थी । वो बेचारा बहुत ही परेशान हो गया, लेकिन करता भी तो क्या करता । इसी चिंता में और उधेड़बुन में की अब अपनी मां को पैसे कैसे भेजे, कुछ दिन व्यतीत हो गए । एक दिन वो ऐसे ही निराश बैठा अपने भाग्य को कोस रहा था कि सहसा ही बाहर से पोस्ट-मैन की आवाज़ सुनाई दी । पोस्ट-मैन एक पत्र लाया था । वो पत्र उसकी मां का था । वो पत्र पढ़ने से झिझक रहा था कि पत्र कैसे पढ़े ? पत्र में उसकी मां ने पैसों के लिए लिखा होगा । कुछ भी हो पढ़ना तो था ही । फिर जैसे ही उसने पत्र पढ़ा तो वो आश्चर्यचकित सा हो कर रह गया । उसकी समझ में ही नहीं आ रहा था कि यह सब आखिर है क्या ?

उसकी मां ने लिखा था 'बेटा तुम्हारा भेजा हुआ एक हज़ार रुपये का मनीऑर्डर मुझे आज ही प्राप्त हुआ । भगवान तुझे लंबी आयु तथा जीवन की सारी ख़ुशियाँ प्रदान करे । तू कितना अच्छा है । अपनी मां को पैसे भेजने में कभी भी विलम्ब नहीं करता । अपनी माँ का ध्यान रखता है।'

अब वो आदमी इसी उधेड़बुन में उलझ गया कि आखिर उसकी मां को एक हज़ार रुपये का मानी आर्डर भेजा तो किसने भेजा, और क्यों भेजा? इसी प्रकार सोच विचार में ही दो तीन दिन व्यतीत हो गए । उसकी समझ में फिर भी कुछ नहीं आया । फिर एक दिन सहसा ही उसे एक अन्य पत्र मिला । भेजने वाले ने अपना नाम पता कुछ भी नहीं लिखा था ।

उसने कुछेक पंक्तियाँ ही लिखी हुई थीं । उसने लिखा था –‘भाई चिंता ना करना । जिस दिन मैंने तुम्हारी जेब से तुम्हारा पर्स चुराया था उस दिन मैं केवल एक जेब कतरा ही था । उस दिन मुझे बहुत प्रसन्नता हुई थी कि मेरे हाथ कुछ रकम आ गई है, किंतु जैसे ही उस में रखे हुए तुम्हारे ९० रुपयों के साथ मैंने तुम्हारा मां के नाम लिखा हुआ पत्र पढ़ा, मुझे अपने आप पर बहुत ही ग्लानि हुई ।

माफ़ करना भाई मां तो सब की बराबर ही होती है । वो किसी की भी हो । इसलिए मैंने ९० रुपये तुम्हारे और ९१० रुपये अपनी और से मिला कर, मां को पूरे एक हज़ार रुपये भेज दिए ।’

इस संदर्भ में ‘ब्रह्मकुमारी वी के शिवानी’ कहती हैं – ‘खुद को सदा खुश रखें, क्योंकि यही सबसे बड़ी ज़िम्मेदारी है आपकी । अगर आप खुद को ही खुश नहीं रखेंगे तो दूसरों को आप खुश कैसे रख सकेंगे । जो चीज़ आपके पास है ही नहीं उस चीज़ को आप कैसे बाँट सकते हैं ।”

इस विषय में रूस के महान साहित्यकार ‘मैक्सिम गोर्की’ ने भी कहा है कि हमें हर खुशी जो हमारे अपने पास है आरम्भ में बहुत छोटी लगती है किंतु ऐसा नहीं होता । छोटी बड़ी हर खुशी का अपना ही एक अलग ही महत्व होता है ।

उसने मेरी और देखते हुए मुस्कुरा का कहा- ‘जीवन में ख़ुशियों का अपना महत्व तो है ही, उस के साथ ही भावनाओं के साथ जुडी हुई अन्य बहुत सी बातों का भी बहुत महत्व है । वास्तव में सफल जीवन तो उसी का है जिसके जीवन में अन्य बातों का भी उचित मात्रा में समावेश है । जिसके जीवन में मिठास ही न हो, जिसका व्यवहार ही अच्छा न हो, जो भीतर से प्रसन्न न हो, जिसके लिए दूसरों के लिए अच्छी भावनाएं न हों, जिसकी

आवश्यकताएं सीमित न हों, जिसकी वाणी में मधुरता न हो, उसका जीवन कैसे एक 'सफल जीवन' कहा जा सकता है ? इसका एक अन्य आयाम आपकी वाणी तथा दूसरों के प्रति आपका व्यवहार भी है । अब यहां मैंने, 'वाणी तथा व्यक्तित्व' के विषय में भी लिखा है कि इस सब का आपके सफल जीवन में कितना भाग है । कितना महत्व है ।

(6)

ईर्ष्या-द्वेष या स्पर्धा

'इंसान के जीवन पर ईर्ष्या-द्वेष या स्पर्धा जैसी भावनाओं का अनुकूल अथवा प्रतिकूल प्रभाव पड़ता ही है । कहते भी हैं न कि जैसी सोच वैसा मन एवं जैसा मन वैसा ही इंसान का स्वभाव । वैसी ही उसकी प्रतिक्रिया ।" मुस्कुराते हुए उसने मुझ से कहा ।

तुम पुस्तक लिख रहे हो, इसमें लिखते समय जैसे तुम्हारे मन में विचार आ रहे हैं या जैसे वातावरण में तुम इसे लिख रहे हो उस सब का भी मनुष्य जीवन पर गहरा प्रभाव पड़ता है । यह तो तुम्हें मालूम ही होगा । इस लिए पुस्तक लिखते समय तुम्हारा भी अपने मन के विचारों पर नियंत्रण होना बहुत आवश्यक है । फिलहाल ! आज मैं तुम्हें जो विषय दे रहा हूँ, वो है 'ईर्ष्या-द्वेष या स्पर्धा'।" इतना कह कर उसने अपने साथ लाए हुए कुछ पृष्ठ मेरी ओर बढ़ा दिए तथा अंतर्ध्यान हो गया ।

मैंने भी पृष्ठ ले कर सरसरी सी दृष्टि उन पर डाली तथा नित्य की भाँति उन्हें अलमारी में रख कर स्वयं बिस्तर से उठ कर नित्यक्रम के लिए चल पड़ा ।

जब सुबह के नाश्ते के पश्चात पुनः लिखने के लिए बैठा तो नित्य की भाँति ही सर्वप्रथम उन्हें पढ़ कर उनका अवलोकन किया । उसके पश्चात लिखने बैठ गया ।

इसमें कोई संदेह नहीं है की हर मनुष्य में यहां तक कि हर प्राणी मात्र में भी 'ईर्ष्या या द्वेष' की भावना जन्म जात ही होती है । इसके साथ ही यह भी सच है कि इंसान के जीवन में उसके दुःख-संताप का एक कारण उसकी भावनाएं भी बनती हैं । इनसे भी मनुष्य का जीवन बहुत हद तक प्रभावित होता है । इसलिए इन पर भी उचित नियंत्रण बहुत ही आवश्यक है।

ऐसे में यह कहा जा सकता है कि जब यह सभी स्वाभाविक ही है तो फिर इस पर नियंत्रण कैसे किया जाए ? तो इसके लिए एक बहुत ही सरल उपाय है । 'ईर्ष्या या द्वेष' जैसे शब्द के स्थान पर स्पर्धा जैसे शब्द का प्रयोग किया जाए । 'ईर्ष्या या द्वेष' जैसी ही हर परिस्थिति में इसे ही अपने जीवन में उतारा जाए तथा इस पर ही पूर्णता गंभीरता पूर्वक मनन किया जाए ।

यहां 'ईर्ष्या या द्वेष' से मन का सुख चैन प्रभावित होता है, दिन का चैन और रातों की नींद उड़ जाती है वहीं 'स्पर्धा' में ऐसा कुछ नहीं होता । वहां किसी की विजय से मन दुखी नहीं होता बल्कि प्रसन्नता होती है तथा दिल में दूसरे से आगे निकलने की भावना उमड़ पढ़ती है । दूसरे से अधिक उन्नति करने की इच्छा मन में जागृत होती है । किसी के समान नहीं बल्कि उससे भी अधिक सफल होने की इच्छा मन में बलबती होने लगती है । जबकि 'ईर्ष्या या द्वेष' से अपनी हानि तो होती ही है दूसरे की भी हानि ही होती है । ऐसा किसी भी रूप में हो सकता है । विचारों से भी तथा भौतिक रूप से भी। यह बहुत बड़ी बात है । वास्तव में ऐसी ही इंसान की सोच होनी भी चाहिए ऐसा ही इंसान को होना भी चाहिए । उसमें में सदैव स्पर्धा का ही भाव होना चाहिए न ना कि किसी प्रकार की 'ईर्ष्या या द्वेष' का ।

इस संदर्भ में राजकुमार कुणाल की एक कहानी याद आती है । राजकुमार कुणाल सम्राट अशोक तथा रानी पद्मावती का का मेधावी पुत्र था। वह सम्राट अशोक का उत्तराधिकारी तथा तथा मौर्यवंश का भावी सम्राट भी था । सम्राट अशोक का बढ़ा बेटा राजकुमार महेंद्र अपनी बहन के साथ बुद्ध मत के प्रचार के लिए श्री लंका की ओर गया हुआ था । इस मध्य कुणाल की सौतेली माता के हृदय में कुणाल के प्रति 'ईर्ष्या-द्वेष' का भाव उत्पन्न हो गया । उसके मन में अपने बेटे 'सम्प्रति' को मौर्यवंश का भावी सम्राट बनाने की कामना जागृत हो गई । जिस कारण उसने एक बहुत ही भयंकर निर्णय ले लिया । उसने अपनी योजना से राजकुमार कुणाल को अंधा बनाने का षडयंत्र रच डाला ।

इसी मध्य जब राजकुमार कुणाल उज्जैन में रणनीति की विद्या प्राप्त कर रहा था तो सम्राट अशोक ने उन्हें एक पत्र लिखा । जिसमें एक स्थान पर उन्होंने लिखा था 'अधायु' जिसका अर्थ होता है दीर्घायु हो । इस पत्र को जब सन्देश वाहक लेकर जाने लगा तो 'सम्प्रति' की माँ ने राज माता के अधिकार से इस पत्र को पढ़ने के लिए ले लिया तथा पढ़ते समय चुपके से अपनी आँख के कोर से काजल ले कर 'अ' के ऊपर एक बिंदु लगा कर उसे 'अं' बना दिया, अर्थात 'अंधायु' जिसका अर्थ होता है, अंधे हो जाओ ।

सम्राट अशोक राजकुमार कुणाल को बहुत प्रेम करते थे। वो उसे अपने मौर्यवंश के साम्राज्य के सिंहासन का उत्तराधिकारी भी बनाना चाहते थे । इसी कारण जब वो मात्र आठ वर्ष का ही था तभी सम्राट अशोक ने उसे युद्ध कौशल में पारंगत बनाने के लिए उज्जैन भेजने का निर्णय किया। इसलिए उन्होंने राजकुमार कुणाल को उज्जैन भेज दिया । इसके लिए उन्होंने राजकुमार को उज्जैन भेजने से पूर्व वहाँ के अधिकारी को राजकुमार

कुणाल के आने के सम्बन्ध तथा उसके उद्देश्य के विषय में एक पत्र भी लिखा ।

उज्जैन के अधिकारी ने जब यह पत्र पढ़ा तो उसे तो इस बात पर विश्वास ही नहीं हुआ कि सम्राट अशोक अपने पुत्र के लिए ऐसा भी आदेश दे सकते हैं । किंतु राजकुमार कुणाल ने इसे अपने पिता की आज्ञा मान कर स्वयं ही गर्म लोहे की सलाखें ले कर अपने अँधा कर लिया ।

हालांकि 'ईर्ष्या या द्वेष' की यह कहानी तो यहीं समाप्त हो जाती है कि किस प्रकार एक विमाता ने अपने पुत्र को राज सिंहासन दिलाने के लिए कुचक्र चला कर अपने ही सौतेले पुत्र को अंधा बना दिया, किंतु प्रसंग–वश पुस्तक से संबंधित विषय के अंतर्गत यहां 'क्षमाशीलता' के विषय में विस्तृत रूप से चर्चा की गई है, इस विवरण को भी विस्मृत नहीं किया जा सकता कि इसके पश्चात राजकुमार कुणाल उज्जैन को छोड़ कर कहीं ओर चले गए। यहां उन्होंने दर दर भटकते हुए किसी योग्य गुरु से संगीत सीखा तथा गीत गए कर भीक्षा माँगते हुए अपना निर्वाह करने लगे । फिर एक दिन अचानक ही वो गीत–गाते तथा भीक्षा माँगते हुए सम्राट अशोक के राज्य में चले आए । यहां इतने वर्षों के पश्चात उन्हें कोई भी नहीं पहचान सका किन्तु जब यो अपने दर्द भरे स्वर में गाते तो हर किसी का हृदय द्रवित हो जाता ।

चलते चलते इसकी चर्चा सम्राट अशोक तक भी जा पहुंची कि नगर में कोई भिक्षु आया हुआ है, जिसके स्वर में इतना दर्द छिपा हुआ है कि सुनने वाले की आँखों से स्वयं ही अविरल अश्रुधारा बह निकलती है । इस पर सम्राट अशोक ने उसे अपनी राज्य सभा में बुलाया । जब राजकुमार कुणाल भिक्षु के रूप में राज्य सभा में पहुंचा तो वहाँ कोई भी उसे नहीं पहचान सका। सम्राट अशोक भी उसे नही पहचान पाए और उसे अपना गीत सुनाने

के लिए कहा । जब राजकुमार कुणाल गीत गाने लगे तो गीत के स्वर व भाव ने सब का हृदय द्रवित कर दिया । जिसे सुनकर स्वयं सम्राट अशोक भी भावविहल हुए बिना न रह सके और उन्होंने राजकुमार कुणाल को पहचान लिया । उन्होंने तुरंत ही सिंहासन से उठे और आगे बढ़ कर राजकुमार कुणाल को गले से लगा लिया ।

थोड़ी देर के पश्चात जब उन्हें वास्तविक सच्चाई का पता चला तो उन्होंने उसी समय राज-माता को मृत्यु दंड देने का आदेश दे दिया किन्तु विशाल हृदय राजकुमार कुणाल ने अपने पिता सम्राट अशोक को को रोक दिया और इसे अपनी माता की इच्छा तथा आदेश मानते हुए उन्हें क्षमा कर देने के लिए कहा ।

प्रसंगवश यहां एक अन्य कहानी भी आती है, जिसे कि हम बचपन से ही अपने बड़ों से सुनते आये हैं कि एक बार एक गांव में एक निर्धन ब्राह्मण रहा करता था । वो भगवान शिव का का बहुत भक्त हुआ करता था । वो अपनी दिनचर्या का अधिकाँश भाग भगवान शिव की पूजा तथा अर्चना में ही लगा दिया करता था । एक दिन भगवान शिव उस पर बहुत प्रसन्न हो गए तथा उसे अपने लिए कुछ मांग लेने के लिए कहा ।

तब उस ब्राह्मण ने भगवान से कहा- 'हे ! प्रभु यदि आप मुझ से इतना ही प्रसन्न हैं तो आप मुझे ऐसा वरदान दीजिए कि मैं जो भी चाहूँ वैसा ही हो जाए ।"

तब भगवान ने मुसकराते हुए हुए उसे एक शंख दिया और कहा कि इससे तुम जो भी मांगोगे वो तुम्हें मिल जाएगा ।" इससे वो ब्राह्मण बहुत खुश हुआ और भगवान का उसने धन्यवाद किया, किंतु जाते जाते भगवान ने उससे कहा कि एक बात का सदैव ध्यान रखना कि इस शंख से तुम्हें सब

कुछ मिल तो जाएगा लेकिन इससे तुम जो भी मांगोगे तुम्हारे पड़ोसियों को इससे दो-गुना अधिक मिलेगा ।"

अब ब्राह्मण बहुत प्रसन्न था । उसने उस शंख को छुपा कर रख दिया। उसने सोचा कि थोडा ठहर कर कुछ सोच विचार कर ही कुछ मांगूंगा क्योंकि भगवान ने यह भी तो कहा है कि जितना तुम इस से मांगोगे तुम्हारे पड़ोसियों को उससे दो गुना अधिक मिलेगा ।

इससे पहले कि वो इस शंख से कुछ मांग पाता, उसे किसी काम से शहर जाना पड़ गया । जाते जाते उसने अपनी पत्नी को सारी बात बताई और समझाते हुए सतर्क रहने के लिए कहा । पत्नी ने भी समझ जाने की हामी भर दी । जब वो चला गया तो उसकी पत्नी ने सोचा कि क्यों न मैं क्षणिक इस शंख को परख कर ही देख लूं कि यह कुछ है भी कि नहीं । उसने चुपके से शंख निकाला और नियमानुसार पूजा अर्चना करके अपने लिए बहुत कुछ मांग लिया । एक बहुत बड़ा सा बंगला, गाड़ी बहुत सा धन और जेवर ।

उधर जब वो निर्धन ब्राह्मण शहर से वापस लौटा तो उसने देखा की उसके तो गांव का कायाकल्प ही हो चुका है । वो आश्चर्यचकित हो कर रह गया । यह आखिर कैसे हो गया है ! तभी उसे अपने शंख तथा भगवान शिव जी द्वारा दिए गए वरदान का स्मरण हो आया । वो शीघ्रता से घर के भीतर गया । भीतर आने पर जब उसकी पत्नी ने उसे सब कुछ दिया तो तब उसे इस सब का रहस्य पता चला । उसने अपना माथा पीट लिया । उसके पास एक घर और उसके पड़ोसियों के पास दो-दो घर । उसके पास एक गाड़ी और उसके पड़ोसियों के पास दो-दो गाड़ियाँ । उसके पड़ोसियों के पास सब कुछ उस से दोगुना अधिक । यह सब उस से सहन नहीं हो पा रहा था।

वो बहुत परेशान हो गया । इसी परेशानी की अवस्था में ही उसके दिमाग में एक योजना आई । उसने अपनी पत्नी से शंख मंगवाया और पूजा अर्चना कर के प्रार्थना की कि हे शंख महाराज ! मैं एक आँख से अंधा हूँ जाऊँ । शंख महाराज ने कहा- 'तथास्तु ।" इस पर वो तो एक तो एक आँख से अंधा हो गया किंतु उसके सभी पड़ोसी अपनी दोनों आँखों से अंधे हो गये ।

इतने पर ही उस ब्राह्मण ने बस नहीं की । उसने फिर शंख महाराज से प्रार्थना की कि हे शंख महाराज ! मेरे घर के आंगन में एक कुंआं खुद जाए । ऐसा भी हो गया । उसके घर के आँगन में एक कुंआं खुद गया तो दूसरे लोगों के घर के आँगन में दो-दो कुंएं खुद गए । बस ! फिर क्या था ! अपनी दोनों-दोनों आँखों से अंधे पड़ोसी तथा आँगन में खुदे हुए दो-दो कुंएं। जैसे ही वो अपने घर से बाहर निकलते तो सीधे कुंएं में जा गिरते ।

यह होती है 'ईर्ष्या या द्वेष'। दूसरों को मिलने से वो ब्राह्मण परेशान हो गया । मैंने इतनी पूजा अर्चना की और फिर यह सब कुछ प्राप्त कर सकने के योग्य हुआ हूँ, और मेरे पड़ोसी बिना कुछ किये ही यह सब कुछ प्राप्त कर रहे हैं । वो भी मुझ से भी दो गुना अधिक ! उसका तो सारा सुख-चैन ही छीन गया । 'स्पर्धा' में ऐसा नहीं होता ।

किसी कार्यालय में दो मित्र काम करते हैं । एक ही कार्यालय होने पर भी उनका कहीं दूर-दूर स्थानांतरण है । उनके आपस में बहुत अच्छे सम्बन्ध भी हैं । किसी एक की पदोन्नति हो जाती है । फिर भी उनके सम्बन्ध अच्छे ही रहते हैं, किंतु जब कभी उनका एक स्थान पर साथ-साथ स्थानांतरण हो जाता है तो तब समस्या उत्पन्न होना शुरु हो जाती है ।

सर्वप्रथम आपस में अहंकार उत्पन्न होने लगता है । मैं उससे कम नहीं हूँ या मैं उससे अधिक योग्य हूँ । फिर यदि कभी उनमें से किसी की उन्नति हो जाती है तो उनके मध्य ईर्ष्या या द्वेष उत्पन्न होने लगता है । वो मुझ से अधिक है । वो मुझ से कम है। हम दोनों मित्र हैं । उसे ऐसा नहीं करना चाहिए । उसे मुझे आदेश नहीं देना चाहिए, इत्यादि ।

कई बार तो स्थिति यहां तक भी आ पहुँचती है कि दूसरे को नीचा दिखाने के लिए कार्यालय में ही षडयंत्र भी चलने लगते हैं। बस ! यही स्थिति दुर्भाग्य पूर्ण हो जाती है ।

मेरा एक मित्र था । उसका एक मित्र था प्रदीप। संयोगवश प्रदीप की नौकरी लगने में मेरे उस मित्र ने बहुत सहायता की थी । वैसे तो मेरा मित्र एक साधारण क्लर्क ही था किंतु उसके अपने अधिकारियों के साथ अच्छे सम्बन्ध थे । जिस से वो प्रदीप की नियुक्ति में सहायता कर पाया ।

समय व्यतीत होने लगा । प्रदीप की आरक्षण के कारण उन्नति हो गई तथा मेरा मित्र क्लर्क ही रहा । फिर संयोगवश एक दिन ऐसा भी आया कि मेरे मित्र का स्थानांतरण उसके ही मित्र प्रदीप के पास उसके ही कार्यालय में हो गया । कुछ देर के लिए तो उसके दिल में आया कि जिस मित्र की नौकरी मैंने अपने हाथों से लगवायी है, अब उसी के साथ बल्कि उसके नियंत्रण में मुझे काम करना पड़ेगा । उसके एक दो मित्रों ने भी उसे राय दी कि वह अपने अधिकारियों से मिल कर अपना स्थानांतरण किसी ओर स्थान पर करवा ले या उस का ही स्थानांतरण कहीं ओर करवा दे किंतु उसने ऐसा नहीं किया । ऐसा सोचा तक भी नहीं। उसकी सोच कुछ अलग ही थी ।

उसने इस बात को अधिक गंभीरता से नहीं लिया । उसने सोचा, फिर क्या हुआ ! उसकी नौकरी में यदि मैंने सहायता की है तो ? मेरे स्थान पर उसकी सहायता करने वाला कोई ओर भी तो हो सकता था। उसकी नौकरी तो लगनी ही थी । मैं नहीं होता तो कोई ओर होता । किसी की भी सहायता से लगती। यह तो अच्छा हुआ की मेरी सहायता से लगी । अब हम दोनों ही मिल कर इकट्ठे काम करेंगे । मैं उससे अनुभव में वरिष्ठ हूँ । मुझे अधिक अनुभव है तो हम दोनों मिल कर ओर भी अच्छा कार्य करेंगे तथा अपने कार्यालय को अच्छे परिणाम देंगे । यही सोच कर उसने उसके अधीनस्थ काम करना स्वीकार कर लिया । इसके पश्चात समय गवाह है कि दोनों मित्रों ने मिल कर इस प्रकार कार्य किया कि उनका कार्यकाल सभी अन्य कार्यरत कर्मचारियों के लिए एक उदाहरण बन गया । यहां तक कि उनका आपसी प्रेम तथा विश्वास भी आपस में पहले से कहीं अधिक गहरा हो गया।

यहां ऐसा भी हो सकता था कि दोनों के मध्य 'ईर्ष्या या द्वेष' पनपता। उनके आपसी समबन्ध बिगड़ जाते । मेरा मित्र ही अपने अधिकारियों से मिल कर अपना या प्रदीप का ही स्थानांतरण कहीं ओर करवा देता किंतु उसने ऐसा कुछ भी नहीं किया । ईर्ष्या व द्वेष से शत्रुता का ही जन्म होता है तथा शत्रुता से कभी कभी दूसरे के साथ-साथ अपनी भी हानि होती है । यहां तक कि कभी कभी तो एक के 'ईर्ष्या या द्वेष' से दूसरे की प्रगति का मार्ग भी खुल जाता है । कभी कभी तो ऐसा भी सुनने में आया है कि किसी एक की ईर्ष्या के कारण दूसरे की नौकरी छूट गई या उसने चिंता या तनाव से परेशान हो कर कोई दूसरी ही राह चुन ली तथा प्रगति करता हुआ सफलता की ऊँचाइयों तक पहुँच गया । किसी से 'ईर्ष्या या द्वेष' के कारण

कभी भी किसी को सफलता मिलते नहीं देखा या सुना गया है । 'ईर्ष्या व द्वेष' से हमेशा हीन भावना ही पैदा होती है और जिस व्यक्ति में जब भी कभी हीन भावना पैदा होती है, तो वो कभी भी अपने जीवन में प्रगति नहीं कर सकता ।

यह सब अपनी समझ व स्वतंत्र सोच का परिणाम हो सकता है । संकीर्ण विचारधारा कदापि भी किसी का सही मार्ग दर्शन नहीं करेगी एवं स्वतंत्र विचारधारा व्यक्ति को सदैव ही आध्यात्मिकता की ओर ले जाएगी तथा सही पथ की ओर ही अग्रसर करेगी । इससे आपके समबन्ध खराब नहीं होंगे बल्कि दृढ़ होंगे तथा आपकी छवि ओर भी अधिक प्रभावशाली होगी ।

हमें सदैव ही इस बात का स्मरण रखना चाहिए कि 'ईर्ष्या-द्वेष' या शत्रुता से कभी भी जीवन में सफलता नहीं मिलती । यदि कोई आपसे अधिक उन्नत या प्रगतिशील है तो उसके साथ हमें निस्वार्थ 'स्पर्धा' करनी चाहिए ना कि डाह या जलन । जीवन में यदि कुछ भी मिलता है तो वह मिलता है अपने परिश्रम से । परिश्रम आता है स्वतंत्र दृष्टिकोण व निस्वार्थ सोच की भावना से ।

(7)

वाणी तथा व्यक्तित्व

मैंने उसके दिए हुए डायरी के पृष्ठों को आगे पढ़ना शुरू किया । यहां उसने इस बिषय से संबंधित वाणी के सम्बन्ध में लिखा था कि वाणी का इंसान के जीवन में तथा उसके व्यक्तित्व से कितना गहरा सम्बन्ध है । वाणी से ही इंसान का व्यक्तित्व बनता है तथा वाणी का संयमित होना कितना आवश्यक है ।

वाणी पर संयम बहुत ही आवश्यक है । जितना वाणी पर नियंत्रण होगा इतना ही जीवन में भी माधुर्य होगा । सब से बड़ी बात तो यह है कि मधुर स्वर की अपनी ही संतुष्टि भी है तथा अपना ही प्रभाव भी । जितना इंसान मीठा बोलेगा उतना ही परिवार में समाज में उसकी प्रतिष्ठा भी होगी और उतना ही जन-साधारण तथा अपने परिचय में वो अपने व्यवहार से पहचाना भी जाएगा । मीठी वाणी बोलने वाले तथा प्रेम पूर्ण व्यवहार करने वाले जग में सभी का दिल जीत लेने में सक्षम होते हैं । यही स्वर या वाणी किसी को भी अपना बना लेने की भी सामर्थ्य रखती है तथा किसी को भी पल भर में ही अपना शत्रु भी बना लेती है ।

एक बहुत ही सुंदर घटना का स्मरण हो रहा है जिसका हमारे पिता जी ने एक बार उल्लेख किया था । उन्होंने एक बार अपने वार्तालाप में हमें बताया था कि एक बार एक विद्यालय में एक बालक पढ़ा करता था । वो बहुत ही सौम्य व सुशील था । विद्यालय में सभी उसके साथ बहुत ही प्यार

करते थे । उसकी वाणी तथा व्यवहार बहुत ही अच्छा, नम्र तथा मिठास पूर्ण था । वो सदैव ही जब भी किसी के साथ कोई भी बात करता तो बहुत ही अच्छे व सुलझे हुए ढंग से ही करता ।

एक बार उसकी कक्षा की अध्यापिका ने उसे अपने पास बुलाया तथा प्यार से उससे पूछा- 'बेटा तुम हर किसी के साथ ही बहुत ही अच्छे ढंग से तथा प्यार से बात करते हो, तुम्हें ऐसा घर में कौन सिखाता है ?"

– 'कोई नहीं मैडम !"

– 'तो फिर तुम यह सब कहाँ से सीखते हो ?"

– 'हमारे घर में सभी ऐसे ही हैं मैडम !"

बच्चे बहुत सी बातें अपने घर से घर से ही सीखते हैं । उसके पश्चात फिर हमारे साथ-साथ, अपने मित्रों से, सम्बन्धियों से तथा समाज से भी बहुत कुछ सीखते हैं । जिसका उनके व्यक्तित्व पर बहुत ही गहन प्रभाव पढ़ता है । इसलिए भी सभी को सदा ही घर परिवार तथा समाज में अच्छा ही सोचना, अच्छा ही बोलना तथा अच्छा ही व्यवहार करना चाहिये । हमारे व्यवहार से हम पर हमारे परिवार तथा समाज पर भी अच्छा या बुरा प्रभाव पड़ता है ।

यदि माता-पिता अपने बच्चों को अच्छे संस्कार दें तो निश्चित ही इससे बच्चों में मानवीय गुण पनपते हैं । इससे उन में परिवार तथा समाज में एकात्मकता का भाव उत्पन्न होता है । कल को इन्हीं बच्चों ने ही तो आने वाले समाज का आधार स्तम्भ बनना है ।

विषयान्तर्गत एक कथा याद आती है कि एक बार एक राजा के पास एक ज्योतिषी आए । राजा ने उन्हें अपना हाथ दिखाया और उनसे पूछा कि ज्योत्सी जी मुझे बताइये कि मेरे भाग्य में क्या लिखा है ? अब ज्योत्सी के

ज्ञान के अनुसार जो उसे उचित लगा उसने कह दिया । उसने कहा कि महाराज आपके समस्त परिवार की आयु बहुत ही कम है और आपकी आँखों के सामने ही आपके सारे परिवार के सदस्य धीरे धीरे करके मौत के मुंह में चले जाएंगे । आपको जीवन में बहुत ही हृदयविदारक दुखों का सामना करना पड़ेगा । इसे सुन कर राजा को बहुत क्रोध आ गया और उसने ज्योतिषी से कहा कि मेरा परिवार तो बाद में मरेगा पर इससे पहले तू जेल में सड़ेगा। इतना कह कर राजा ने उस ज्योतिषी को कैद खाने में डलवा दिया ।

अब इसी वाणी का एक रूप ऐसा भी था कि कुछ देर पश्चात उसी राजा ने अपना हाथ एक अन्य ज्योत्सी को भी दिखाया और उसे भी अपना भाग्य बताने को कहा । अब उस दूसरे ज्योत्सी ने जब राजा का हाथ देखा तो उसने भी यही बात राजा से कही, लेकिन उसका कहने का अंदाज़ अलग था। उसने राजा से कहा- ‘महाराज !” आप बहुत ही भाग्यशाली हैं। आपकी आयु आपके समस्त परिवार में सब से अधिक होगी और आप अपने जीवन में सारे सुख वैभव का उपभोग करेंगे । राजा ज्योत्सी की यह बात सुन कर बहुत ही प्रसन्न हुआ तथा उसे बहुत से पुरस्कार दे कर विदा किया । अब दोनों ही ज्योतिषियों की बात तो एक ही थी, किंतु कहने का ढंग अलग-अलग था । एक की बात में राजा को क्रोधित कर देने का भाव था और दूसरे की बात में इतना माधुर्य था कि जिसने राजा के प्रसन्न कर दिया । यह वाणी की मधुरता एवं उसके प्रयोग की एक कही सुनी कथा है।

मेरे एक मित्र एक बार सब्जी मंडी में कुछ फल-सब्जी लेने गए हुए थे। बहुत देर के पश्चात जब वह घर लौटे तो उनके हाथ खाली थे । वह बहुत उदास भी थे, तथा वहाँ से कोई फल-सब्जी भी नहीं लाए थे । जब उनकी

पत्नी ने उनसे इसका कारण पूछा कि क्या बात है ? आप उदास क्यों हैं ? कुछ लाए भी नहीं ?

उन्होंने बहुत ही उदास मन से उत्तर दिया– 'जिन बाबा जी से मैं फल-सब्जियों लाया करता था उनकी मृत्यु हो गई है ।"

तब मित्र महोदय की पत्नी ने उनसे कहा कि फिर क्या हो गया ? यदि उनकी मृत्यु हो गई है तो वहाँ मंडी में बहुत से जीवित भी तो हैं । आप उन से भी तो यह सब कुछ ला सकते थे । यूं खाली हाथ क्यों लौट आए ?

रुंआसे स्वर में मित्र ने उत्तर दिया– 'जब मैंने उनकी मृत्यु का समाचार सुना तो मेरा मन बहुत विचलित हो गया । कहीं और से कुछ खरीदने की इच्छा ही नहीं हुई । कितना प्यार से बोलते थे वह ! कितना आदर करते थे सभी का । ऐसे इंसान बहुत काम मिलते हैं इस दुनिया में । सब्जी तो फिर भी मिल जाएगी लेकिन उन के जैसा ईमानदारी से पूरा तौलने और मीठा बोलने वाला फिर कहीं नहीं मिलेगा ।"

यह हैं कुछेक मृदुल वाणी के तथा अच्छे व्यवहार के प्रभाव । किस प्रकार इन के प्रभाव से दूसरों पर कितना गहरा व अमिट चिरकालिक प्रभाव पढ़ता है । कभी-कभी तो आपकी वाणी का तथा आपके व्यवहार का सामने वालों पर ऐसा भी प्रभाव पढ़ता है कि जिससे कभी-कभी इतिहास ही बदल जाता है ।

छोटा सा उदाहरण महाभारत काल का भी है । जिसमें जब दुर्योधन हस्तिनापुर से इंद्रप्रस्थ पांडवों का महल देखने के लिए जाते हैं तो वहां पर महल की अदभुत कारीगरी देख कर अचंभित से हो कर रह जाते हैं । यहां तक कि इसी मध्य घूमते-घूमते वी एक ऐसे स्थान पर भूल वश नीचे भी

गिर जाते हैं, यहां जल के स्थान पर समतल भूमि होती है । इस पर द्रौपदी उन पर कटाक्ष करती हुई कहती है कि 'अंधे का पुत्र अंधा ।'

बस यही चार शब्द ही आगे चल कर महाभारत के युद्ध का तथा इतने बड़े विनाश का कारण बने । बस ! यदि उस समय द्रौपदी का अपनी वाणी पर नियंत्रण रहा होता तो शायद वाणी के इस विषबाण से घायल दुर्योधन के दिल में बदले की भावना न जागृत होती और इतने बड़े नर संहार का कारण बना महाभारत का युद्ध न हुआ होता ।

रामायण काल में भी मंथरा के कैकेयी को बहकावे का उदाहरण मिलता है । इतना ही नहीं इतिहास में अनेकानेक ऐसे वृत्तांत मिलते हैं यहाँ वाणी के संयमित प्रयोग न होने से बहुत हानि हुई ।

एक ऐतिहासिक घटना भारत वर्ष की यूँ भी है कि १९७२ में जब भारत और पाकिस्तान का युद्ध चल रहा था तो उसकी संधि के लिए पाकिस्तान के राष्ट्रपति जुल्फिकार अली भुट्टो भारत आए हुए थे । तब उनकी भारत की प्रधान मंत्री श्रीमती इंदिरा गांधी के साथ बातचीत हो रही थी किंतु संधि वार्ता पर कोई निर्णय नहीं हो सका । इस पर जब पाकिस्तान के राष्ट्रपति जुल्फिकार अली भुट्टो वापिस अपने देश जा रहे थे और भारत की प्रधान मंत्री श्रीमति इन्दिरा गान्धी उन्हें विदा करने जा रही थीं कि मायूस हो चुके राष्ट्रपति जुल्फिकार अली भुट्टो ने श्रीमती इंदिरा गांधी से एक बात कही– 'हमारी संधि वार्ता तो विफल रही है लेकिन आप इस बात को शायद नहीं जानती कि जब मैं अपने वतन वापिस पाकिस्तान पहुंचूंगा तो मेरी क्या हालत होगी ।” उस वक्त भारत के पास पाकिस्तान के 93000 सैनिक कैदी थे, जिन्होंने बांग्ला देश युद्ध में भारत के सामने अपने हथियार डाल दिए थे तथा वो भारत की जेलों में कैद थे । इस एक बात से श्रीमती इंदिरा

गांधी पर कुछ ऐसा प्रभाव हुआ कि उसी क्षण श्रीमती इंदिरा गांधी ने अपना निर्णय बदल लिया । वहीं से राष्ट्रपति जुल्फ़िकार अली भुट्टो के साथ वह वापिस आ गईं । तब भारत और पाकिस्तान के बीच जो संधि वार्ता हुई उसे सारी दुनिया जानती है ।

२ जुलाई १९७२ को भारत पाकिस्तान के बीच हुई संधि ने दोनों देशों के इतिहास को ही बदल दिया । उस समय भारत विजयी पक्ष था। भारत उस समय चाहता तो कश्मीर का झगड़ा सदैव के लिए समाप्त हो सकता था। भारत उस समय पाकिस्तान से कोई भी शर्त मनवा सकता था। कहने का यही अर्थ है कि उस समय के पाकिस्तान के राष्ट्रपति जुल्फ़िकार अली भुट्टो के दो शब्दों ने ऐसा प्रभाव डाला कि जिसने इतिहास का रुख ही बदल दिया। यह है वाणी का प्रभाव ।

संसार में बहुत से ऐसे महापुरुष तथा ज्ञानी भी हुए हैं जिनके भाषण तथा कथाएं आज भी बार-बार सुनने को मन करता है । इनमें स्वामी विवेकानंद, महात्मा गांधी, जे. कृष्णा मूर्ति, योगानंद परमहंस, श्रीमती इंदिरा गांधी, आचार्य रजनीश 'ओशो' तथा माननीय प्रधानमंत्री नरेंद्र मोदी जैसी कुछ विभूतियों का भी नाम लिया जा सकता है । जिनके उद्गार तथा प्रेरक विचार आज भी निरंतर सुनने को मन करता है ।

आपकी वाणी आपके व्यक्तित्व को बहुत प्रभावित करती है । आपकी वाणी सदैव कोयल की भाँति मधुर होनी चाहिए जिसे हर कोई सुनना चाहे । कौए जैसी कर्कश वाणी हमेशा हमें दूसरों से दूर तथा कोयल जैसी मीठी वाणी हमें अपरिचितों के भी समीप लाती है । कई बार हमें सामने वाले के बोल इतने प्रिय लगते हैं कि हम चाहते हैं कि सामने वाला बोलता ही रहे और हम सुनते ही रहें और कई बार हमें सामने वाले के बोल इतने कटु व

अप्रिय लगते हैं कि हमें उससे पीछा छुड़ाने को मन होता है । विशेषतया हमें अहंकार से भरे हुए बोल कदापि भी अच्छे नहीं लगते । इसके साथ ही यह भी सर्वविदित है कि पूरे मनोयोग व हृदय की गहराइयों से कहे हुए शब्द 'श्राप' तथा 'वरदान' भी बन जाते हैं । इसका इतिहास भी गवाह है । इसमें एक वैज्ञानिक सच्चाई भी है कि जब भी हम अपने मन की एकाग्रता से किसी का भला या बुरा सोच कर कोई शुभ या अशुभ शब्द कहते हैं तो उनके सत्य होने की बहुत अधिक संभावना हो जाती है । इसी लिए यह सदैव ही कहा जाता है कि किसी के बारे में कभी भी बुरा नहीं कहना चाहिए। हमारे धर्म में ऋषि-मुनियों द्वारा समय समय पर दिए गए वरदान या श्राप की अवधारणा इसी पर तथ्य पर आधारित है ।

यदि आप अपना व्यक्तित्व सुन्दर बनाना चाहते हैं तो अपनी वाणी तथा अपने व्यवहार को भी उसके अनुरूप सुन्दर बनाने का प्रयास अवश्य करें । आपके मुंह से हमेशा सुन्दर मधु से लिप्त शब्द व वाक्य ही निकलने चाहिए । सदैव आपके चेहरे पर सुन्दर मुस्कान ही सुशोभित होनी चाहिए। आपके सामने वाले को हमेशा आपकी सानिध्यता में सुन्दर पलों का एहसास और उसकी ओर बहती हुई शीतल बयार तथा उसकी निर्मलता का आभास होना चाहिये । जिससे कि सामने वाले को अपने तनाव से मुक्ति प्राप्त हो सके । उसके भीतर छाए हुए निराशा के बादल छंट जाएँ और आपका जीवन उमंग तथा उत्साह से भर जाए ।

इसके साथ ही इस बात का भी हमेशा ही स्मरण रखा जाना चाहिए कि सुन्दर व मीठी वाणी जो दूसरे को सदैव ही प्रभावित करती है वही हमारे व्यक्तित्व का विकास भी करती है । एक सुन्दर तथा प्रभावी व्यक्तित्व के लिए इंसान को वैसा ही लगना, दिखाई देना व होना भी चाहिए ।

उसी समय मैंने देखा कि वो मुस्कुराते हुए फिर मेरे सामने खड़ा था । मेरे विचार से मैंने इंसान की 'संयमित वाणी' तथा इससे प्रभावित होते व्यक्तित्व के विषय में विस्तार से लिखा है तथा इससे मुझे आशा भी है कि पढ़ने वाले पर इसका समुचित प्रभाव भी पड़ेगा ।

अब मैं तुम्हें कल ही मिलूंगा । कहता हुआ वो फिर अंतर्ध्यान हो गया।

8

संयम व न्यायप्रियता

आज मैं अपनी डायरी के पन्नों में चर्चा करुंगा इंसान के संयमित जीवन की । यहां पिछले अध्याय में मैंने विस्तार से व्यक्ति के वाणी तथा उसके संतुलित प्रयोग के विषय में लिखा था, आज इंसान के 'संयमित जीवन', इसमें न्यायप्रियता एवं उसके प्रभाव के विषय में विस्तार पूर्वक चर्चा करुंगा ।

एक 'सफल जीवन' में कुछ भी नहीं होता है बल्कि सब कुछ होता है । इसमें सब का दुःख दर्द होता है । सहानुभूति होती है । मर्यादा होती है। निस्वार्थता होती है । प्यार होता है । इसके विभिन्न पहलू होते हैं । जिनमें 'संयमित जीवन' तथा 'संयमित जीवन' के साथ ही न्यायप्रियता का होना भी इसका एक बहुत ही महत्वपूर्ण पहलू है ।

इंसान के लिए 'संयमित जीवन' जी पाना भी वास्तव में एक बहुत बड़ी उपलब्धि है । यहाँ इंसान में सहनशक्ति आजकल बहुत कम हो गई है वहीं किसी का संयमित अथवा धैर्यवान होना इंसान का एक विशिष्ट गुण ही कहा जा सकता है । इस से ही इंसान में एक प्रकार की शांति एवं संतोष का समावेश होता है । बहुत बड़े कार्य एवं उनमें बड़ी बड़ी सफलताएँ यूँ ही संयम के वगैरह नहीं मिल जातीं । इसके लिए इंसान में धैर्य एवं संयम होना अति आवश्यक है । जीवन में संयम तथा धैर्य ना होने से उसकी सफलता में संदेह होता है बल्कि नई नई समस्याएँ उत्पन्न होने का भी भय रहता है ।

इसके लिए हमें सदैव ही इस बात का स्मरण रखना चाहिए कि जीवन में संयम का होना बहुत ही आवश्यक है । 'संयमित जीवन' के अभाव में इंसान मात्र अपना सुख-चैन ही नहीं खोता जा रहा है बल्कि उसके जीवन में तरह तरह के तनाव व परेशानियां भी बढ़ती जा रही हैं ।

हर समय हर कार्य में शीघ्रता होने से कई बार बहुत हानि भी उठानी पड़ती है । संयम ना होने के कारण किसी भी कार्य को शीघ्र कर लेने, शीघ्रता से घर पहुँचने, कार्यालय पहुँचने या किसी से मिलने के लिए जाने में कई बार दुर्घटनाओं के होने के समाचार भी सुनने को मिलते रहते हैं । संयम ना होने तथा धैर्य खोने से लड़ाई झगड़े के विषय में तो हमें अक्सर सुनने को मिलता ही रहता है । सब कुछ शीघ्र ही पा लेने की चाहत से निराश होने और हिम्मत हार देने से एक तो हमें तनाव मिलता है तथा दूसरी ओर इससे हम हतोत्साहित भी होते हैं । इसी संयम के अभाव में ही हम आमतौर पर धोखे व जालसाज़ी के चक्कर में भी फंस कर बहुत हानि उठाते हैं तथा अपने आप को तनाव में डाल कर परेशानी मोल ले लेते हैं ।

'संयमित जीवन' का एक अनुपम उदाहरण 'सर इसाक न्यूटन' का भी है । जिनके धैर्य से उनको एक अमूल्य उपलब्धि ही नहीं प्राप्त हुई बल्कि सदा सदा के लिए वो विश्व भर में अमर भी हो गए ।

कहा जाता है कि एक बार विश्व प्रसिद्ध वैज्ञानिक तथा गणितज्ञ 'सर इसाक न्यूटन' शाम के समय कुछ लिखने के लिए बैठे हुए थे । उन दिनों आज जैसी सहूलियतें नहीं थीं । पास में ही मेज़ पर एक मोमबत्ती जल रही थी । जिसकी रोशनी में वो कुछ गणना भी कर रहे थे एवं कागज़ पर कुछ लिखते भी जा रहे थे । उनके साथ में ही मेज़ पर पर बहुत से कागज़ों की एक फ़ाइल रखी हुई थी, जिस में उन्होंने तरह तरह की सूचनाएं एकत्रित की

हुई थीं । जिन्हें एकत्रित करने में उन्हें लगभग बीस वर्ष से भी अधिक का समय लगा था । पास में ही उनका प्रिय कुत्ता भी बैठा हुआ था जिसे वो प्यार से 'डायमंड' कह कर बुलाते थे । सहसा ही उन्हें कुछ काम पढ़ गया और वो उठ कर कुछ क्षण के लिए कमरे से बाहर चले गए । जब वो वापस लौटे तो देखते क्या हैं कि उनके प्रिय 'डायमंड' ने जलती हुई मोमबत्ती को गिरा दिया है और उनके वो सारे कागज़, जिन्हें लिखने में उन्हें इतने वर्ष कड़ा परिश्रम किया था, आग लग जाने से जल कर पूरी तरह से खाक हो गए थे । कोई सोच सकता ही कि इससे उन्हें कितना दुःख हुआ होगा । वर्षों का कठिन परिश्रम । कोई अन्य होता तो शायद डंडा उठा कर कुत्ते जान ही ले लेता । अपना ही कोई नुक्सान कर लेता या न जाने क्या करता, किंतु उस महान व्यक्तित्व ने कुत्ते की ओर देख कर शान्ति से केवल इतना ही कहा– 'ओह डायमंड ! तुम नहीं जानते कि तुम्हारी इस हरकत से कितनी हानि हुई है ।"

डायरी में आगे चल कर उसने लिखा था कि संत सुकरात को आज कौन नहीं जानता । सुकरात एक बहुत ही निर्धन परिवार से थे । सुकरात यूनान के बहुत बडे विद्वान तथा अपने समय के महान दार्शनिक थे । उन्हें लोग एक सूफी संत के रूप में भी जानते थे । वो यहां भी जाते लोग उन्हें घेर कर खडे हो जाते और अपनी जिज्ञासाओं का समाधान ढूँढ़ते । वो सभी की समस्याओं एवं जिज्ञासाओं को ध्यान से सुनते और उनका उचित समाधान भी सुझाते । वो अपने अनुयायिओं को शिक्षा तथा आम जन–साधारण को प्रवचन भी दिया करते थे । उनका कहना था कि सच्चे ज्ञान को प्राप्त करने के लिए दिल में उसके प्रति लगन तथा प्रयास किया होना चाहिए। उनका

एकमात्र जीवन का लक्ष्य था 'ज्ञान का संग्रह तथा उसका प्रचार प्रसार' । जिसे पश्चात में उनके शिष्य अरस्तु तथा अफलातून ने पूरा किया ।

उनकी वैवाहिक जीवन के प्रति कोई लालसा नहीं थी किंतु पश्चात में प्रारब्ध में शादी लिखी होने के कारण उनकी शादी हो गई । उनकी पत्नी कर्कश स्वभाव की थी । एक बार की बात है कि उनकी पत्नी उनसे किसी छोटी सी बात पर झगड़ पढ़ी । सुकरात धैर्य-पूर्वक उसकी बात सुनते रहे किन्तु प्रतिक्रिया में उन्होंने कुछ भी नहीं कहा । जब बहुत देर हो गई और सुकरात ने प्रति उत्तर में कुछ भी नहीं कहा तो इससे उनकी पत्नी का क्रोध सातवें आसमान पर पहुँच गया । उसने आव देखा न ताव तुरंत ही पास पढ़ी पानी की भरी हुई बाल्टी उठाई और उन पर उढ़ेल दी । सुकरात पूरी तरह से भीग गए, किंतु वो फिर भी बिलकुल शांत ही बने रहे । थोड़ी देर शांत रहने के पश्चात सुकरात धीरे से मुस्कुराये और इतना ही कहा कि इतनी गर्जना के पश्चात बारिश का होना तो स्वाभाविक ही था । इतने अपमान के पश्चात भी सुकरात का शांत रहना और इस सारे घटनाक्रम के प्रति इस प्रकार उपहास पूर्ण टिप्पणी ने उनकी पत्नी को लज्जित व शांत कर दिया।

कहते हैं कि एक बार 'संत एकनाथ' नदी से स्नान कर के वापिस आ रहे थे कि रास्ते में उन्हें एक मूर्ख आदमी दिखाई दिया । उसने 'संत एकनाथ' पर थूक दिया । इस पर 'संत एकनाथ' बिलकुल भी क्रुद्ध नहीं हुए तथा द्वारा नदी में स्नान करने के लिए चले गए ।

जब वह नहा कर वापिस आ रहे थे तो दूसरी बार भी उस शरारती तथा मूर्ख आदमी ने उन पर फिर से थूक दिया । इस पर भी 'संत एकनाथ' क्रोधित नहीं हुए तथा फिर से नदी में नहाने के लिए चले गए । ऐसा बार बार चलता रहा । 'संत एकनाथ' नहा कर आते तथा वो पागल मूर्ख व्यक्ति

फिर से उन पर थूक देता । ऐसा करीब १०८ बार चला । अंत में वो शरारती मूर्ख समझ गया कि इस व्यक्ति में अवश्य ही कोई बात है । यह कोई साक्षारण इंसान नहीं हैं । वो तुरन्त ही उन के चरणों में गिर गया और उन से क्षमा माँगने लगा ।

इस पर 'संत एकनाथ' ने झुक कर उस अज्ञानी को उठाया और अपने गले से लगा लिया । मुस्कुरा कर संत एकनाथ उससे कहने लगे- 'तुम किस बात की क्षमा मांग रहे हो भाई । तुम्हारे इस व्यवहार से ही तो मुझे इस पवित्र नदी में बार-बार स्नान करने का कितना पुण्य प्राप्त हुआ है । यह होता है एक प्रकार का संयमित जीवन । जिससे अपना जीवन तो सरल होता ही है दूसरों के जीवन में भी ऐसा व्यवहार बहुत परिवर्तन ला देता है ।

मोहन दास कर्मचंद गांधी । जिन्हें विश्व भर में एक महान आत्मा के रूप में भी जाना जाता है तथा भारत वर्ष सम्मान के साथ उन्हे राष्ट्रपिता अर्थात 'बापू' कहता है । उन्होंने एक ब्रह्मचारी का जीवन यापन किया तथा सत्य और अहिंसा के मार्ग पर चलते हुए समस्त विश्व को शांति का पाठ पढ़ाया । यह उन दिनों की बात है जब वह दक्षिण अफ्रीका में एक युवा भारतीय वकील के रूप में अभ्यास कर रहे थे । सन १८९३ के जून माह की ७ तारीख की बात है जब वो पीटर मैरिट्सबर्ग में एक ट्रेन में यात्रा कर रहे थे। तब एक अँग्रेज़ ने बल-पूर्वक उन्हें गाड़ी से बाहर निकाल फैंका था। इस घटना से उनका संपूर्ण जीवन ही परिवर्तित हो गया । तब उन्होंने इस पर कोई प्रतिक्रिया व्यक्त न करके मन में सोच लिया था कि किस प्रकार उनको इस बात का उत्तर सकारात्मक होते हुए देना है । वो जीवन भर इस अपमान को भूले नहीं । इस घटना को भी उन्होंने इस प्रकार लिया कि प्रतिक्रिया स्वरूप उनकी कार्यशैली का लोहा वो देश ही नहीं बल्कि समस्त विश्व ने भी

माना । उन्होंने अपने जीवन में अलगाव की नीतियों का सर्वथा विरोध किया तथा सत्य और अहिंसा के मार्ग पर चलते हुए अपने जीवन का निर्वाह किया। उनके 'सत्याग्रह' नाम के आंदोलन ने तो अंग्रेज़ों को भी भारत से बाहर निकलने पर विवश कर दिया । इस प्रकार की सकारात्मक सोच जीवन में अपने साथ साथ समाज में भी कभी कभी बहुत बड़े परिवर्तन ला देती है ।

यहां हमने 'सर इसाक न्यूटन' महान दार्शनिक 'संत सुकरात', 'महात्मा मोहन दास कर्मचंद गांधी' तथा 'संत एकनाथ', के शांत व संयमित जीवन के कुछेक ही उदाहरण लिए हैं । जिनकी सोच विचार तथा कार्य प्रणाली ने दूसरों के जीवन की धारा ही बदल दी । इस प्रकार के व्यक्तित्व अपने निर्दोष व सहनशीलता के व्यवहार से न केवल अपना जीवन सरल व अनुकरणीय बनाता है बल्कि इससे दूसरों का जीवन भी प्रभावित होता है तथा उनके जीवन में भी समुचित परिवर्तन आता है ।

दुनिया में इस प्रकार के एक दो नहीं लाखों ऐसे उदाहरण हैं जिनसे दूसरों के जीवन में भी अनुकरणीय परिवर्तन आए । एसी सोच, ऐसा व्यवहार, ऐसा परिवर्तन सब में अपेक्षित है । इसी विचारधारा से ही जीवन सफल बनाता है ।

यह 'संयमित जीवन' के कुछ उदाहरण थे, किंतु जैसा कि लेख के आरम्भ में ही न्यायप्रियता का भी उल्लेख किया गया था, एक 'संयमित जीवन' में ही उचित न्यायप्रियता का होना भी अत्यंत ही आवश्यक है । क्योंकि किसी भी व्यक्ति के जीवन को एक 'सफल जीवन' में परिवर्तित करने में केवल देश व समाज का ही हाथ नहीं होता बल्कि उसके परिवार का भी बहुत बड़ा भाग होता है । व्यक्ति के जीवन में किसी प्रकार का तनाव

चिंता या परेशानी के होने से उसके जीवन में उथल-पुथल ही रहेगी । फिर चाहे एक इंसान कितना भी संयमित जीवन ना जीने का प्रयास करे, उसका जीवन पारिवारिक घटनाक्रम से प्रभावित रहेगा ही ।

इसके लिए अधिक विस्तार में न जाते हुए संक्षेप में ही बात करेंगे कि बहुत बार परिवार में कुछ सदस्यों का आपस में किसी न किसी बात पर मन-मुटाव हो जाता है । जिससे समस्त परिवार की ही शांति भंग हो जाती है । इससे सभी का जीवन प्रभावित हो जाता है। ऐसे में हो रहे घटनाक्रम से अप्रभावित रह पाना किसी के लिए भी संभव नहीं हो पाता । कोई परिवार का सदस्य यदि परिस्थिति को सही करना भी चाहे तो नहीं कर पाता । ऐसा कई बार हमें देखने सुनने को मिलता है। परिवार में लड़के की शादी हो गई। नई-नई बहु आई है । कुछ देर तक तो घर के वातावरण में बहुत हर्ष-उल्ल्हास रहता है । फिर जैसे जैसे ही समय व्यतीत होता जाता है सास-बहु, ननद-भाभी या परिवार के किसी अन्य सदस्य की बहू के साथ अनबन सी होने लगती है । कई बार तो दोष बहू का होता है किंतु बहुतया जब उसके विरुद्ध उसके पति से शिकायतें की जाती हैं तो बहू के निर्दोष होने पर भी वह दोषी बन जाती है। बहू किसी अन्य परिवार से आया हुआ सदस्य होता है । मां, बहन, भाई परिवार के सदस्य होते हैं। ऐसे में पति के लिए एक प्रकार से धर्म संकट सा पैदा हो जाता है कि वो कैसे निर्णय करे कि कौन सही है अथवा कौन गलत । कई बार तो पति सब जानते हुए भी कोई निर्णय नहीं ले पाता । वो मां, बहन या भाई किसी को भी सब सच्चाई जानते हुए भी गलत नहीं कह पाता अथवा न्याय नहीं कर पाता । यही स्थिति सब से अधिक गंभीर होती है । इस समय पति को एक निष्पक्ष भूमिका निभानी चाहिए ।

इस समय उसको परिवार के अन्य सदस्यों का तो ध्यान रखना ही होता है बल्कि बाहर से लाई हुई सदस्य के साथ भी न्याय करना होता है । उसको सभी का संतुलित भाव से साथ देना होता है । तभी उसके जीवन में निर्विघ्नता आ सकती है । नहीं तो उसके शांत जीवन में अस्थिरता आ सकती है ।

'संयम व न्यायप्रियता' अध्याय के अंतर्गत इस भाव को लाना तथा इसका विश्लेषण करना आवश्यक था जिससे की व्यक्ति के जीवन में एक प्रकार का संतुलन लाया जा सके । इससे रहित व्यक्ति का जीवन कभी भी किसी भी रूप में सफल जीवन नहीं हो सकता ।

पढ़ते पढ़ते डायरी के पृष्ठ कब समाप्त हो गए मुझे इसका पता भी नहीं चला । मैंने एक गहरी सांस लेते हुए दृष्टि उठा कर सामने देखा तो वहाँ पर कोई भी नहीं था । मुझे आश्चर्य होने लगा कि आज क्या बात है ? आज मेरा स्वप्न मित्र दिखाई नहीं दे रहा था ! आज मुझे उसकी अनुपस्थिति कुछ आश्चर्यचकित सा कर रही थी । एक तरह से मैं उसकी प्रतीक्षा करता सा लग रहा था परन्तु प्रतीक्षा का अंत मेरी निद्रा में हो गया । हालांकि, सुबह होने वाली थी तथा इस समय मेरा सोना अस्वाभाविक था । फिर भी मैं कब सो गया मुझे पता ही नहीं चला ।

9

व्यक्तित्व विकास

उस दिन मुस्कुराते हुए जब वो मेरे सामने प्रकट हुआ तो मेरी आँख समय पूर्व ही खुल चुकी थी । उस दिन आँख खुलते ही मुझे उसके मुस्कुराते हुए चेहरे के दर्शन हुए थे । उसे मुस्कुराते हुए देख मैं भी मुस्कुरा दिया । उसने मुस्कुराते हुए अपने साथ हाथ में लाए हुए डायरी के पृष्ठ मेरी ओर बढ़ा दिए । मुस्कुराते हुए वह मुझ से कहने लगा-

'इंसान के जीवन में सब से अधिक प्रभाव उसके व्यक्तित्व का भी पढ़ता है । मानव मात्र का सोच विचार ,चाल-चलन व आपसी व्यवहार सभी बातें मिल कर इंसान का व्यक्तित्व बनाती हैं और इंसान के व्यक्तित्व से उसका जीवन प्रभावी होता है ।"

उसका वार्तालाप सुनते हुए मैं भी प्रभावित हुए बिना न रह सका। मैंने खामोशी से उसके लाए हुए पृष्ठ ले लिए । एक प्रकार से थोड़ी सी आँखें झपकाते हुए सहमति सी जता दी । इसके साथ ही वो देव दूत भी अंतध्र्यान हो गया ।

उसके जाने के बाद मैं उसकी कही हुई बातों पर आमतौर पर मनन करने लगता । हालांकि उसकी लिखी हुई सारी बातें सदैव से ही सही तथा मूल्यवान ही होती थीं किंतु फिर भी कभी कभार उसकी बातों पर स्वाभाविक रूप से सोच विचार होने लगता । फिर एक प्रकार से पूर्णतया सहमत होने पर ही मैं लिखने का कार्य शुरु करता ।

विषय वास्तव में ही बहुत महत्वपूर्ण था । 'व्यक्तित्व विकास' अथवा (Personality Development) । इसका इंसान के व्यक्तित्व पर एवं उसकी विचारधारा पर बहुत ही गहरा प्रभाव पड़ता है । इस सब के ऊपर ही इंसान का संपूर्ण जीवन निर्भर करता है । कई बार तो इंसान के व्यक्तित्व से प्रभावित हो कर उसके जीवन के विषय में कई तरह की भविष्य वाणी भी कर दी जाती है । कई बार तो हम किसी बच्चे के भी व्यक्तित्व से प्रभावित हो कर उसके बचपन में ही कह देते हैं कि यह बच्चा तो बड़ा हो कर ऐसा इंसान बनेगा ।

जब व्यक्ति के व्यक्तित्व का अच्छा अनुकरणीय विकास हुआ होगा तो निश्चित रूप से ही उसका जीवन भी संतुष्टि पूर्ण तथा विकासशील ही होगा। अंततः ऐसा जीवन ही एक 'सफल जीवन' में भी परिवर्तित होगा ।

अभी मैं बिस्तर पर ही लेटा हुआ था । सोचते हुए मेरा ध्यान सहसा ही अरुणिमा सिंह की ओर चला गया । इंसान के व्यक्तित्व पर ही विचार कर रहा था । मन में तरह तरह के भाव-विचार आ जा रहे थे । किसी प्रकार इंसान अपने व्यक्तित्व का विकास करता है और कभी कभी तो कहीं पर भी कोई रोशनी की किरण ना दिखाई देते हुए भी अपने परिश्रम, लगन, साहस तथा जीजीविशा से अपने व्यक्तित्व का इस प्रकार से विकास करता है की उसके जीवन को एक सफल जीवन की श्रेणी में आते देर नहीं लगती।

विषयान्तर्गत अरुणिमा सिंह का नाम लिया जा सकता है, जिन्होंने कि अपनी जिजीविषा, नियमबद्धता, साहस व संघर्षशीलता से जीवन में वो स्थान प्राप्त कर लिया कि शायद उन्हें जीवन में किसी प्रकार की असंतुष्टि का मलाल भी हुआ हो ।

अरुणिमा सिंह का जन्म २० जुलाई १९८८ को उत्तर प्रदेश के अंबेडकर नाम के शहर में हुआ था । वो बॉलीबाल और फूट बाल की उच्च श्रेणी की राष्ट्रीय स्तर की खिलाड़ी थीं ।

११ अप्रैल २०११ की बात है । उन्हें लखनऊ से दिल्ली जाना था । इसके लिए उन्हें ट्रेन से यात्रा करनी थी । जब वो यात्रा कर रही थीं तो रास्ते में एक स्थान पर कुछ गुंडे बदमाश उसके कोच में चढ़ गए और अरुणिमा सिंह को घेर लिया । वो उस से उसकी चैन वगैरह छीनने की कोशिश करने लगे । इस पर अरुणिमा सिंह ने इसका विरोध किया । वो अकेली थी और गुंडे बदमाश संख्या में अधिक थे । फिर भी उसने हिम्मत नहीं हारी और उनका सामना करने लगी । ट्रेन में यात्रा कर रहे अन्य यात्री उन बदमाशों से डर गए थे । उनमें से किसी ने भी उसका कोई साथ नहीं दिया । अरुणिमा सिंह कोई कमजोर लड़की तो थी नहीं । उसने स्वयं अकेले ही उन गुंडों बदमाशों का डट कर सामना किया, किंतु अरुणिमा सिंह चाहें कितनी भी बहादुर थी पर फिर भी वो थी तो अकेली लड़की ही । इस पर जब उन बदमाशों की कोई भी पेश न चली तो उन्होंने धक्का देकर उसे ट्रेन से नीचे गिरा दिया । यहाँ पर अरुणिमा सिंह नीचे गिरी, उसके साथ में ही रेलवे का दूसरा ट्रैक था । वो उस पर जा गिरी। जैसे ही वो उस ट्रैक पर गिरी सामने से ही एक दूसरी ट्रेन भी आ रही थी । अतः वो ट्रेन उसकी टांगों पर से होती हुई निकल गई । जिसके परिणाम स्वरूप उसका एक पांव उसी वक़्त कट गया तथा दूसरे में गंभीर चोट आई । वहाँ उसकी सहायता के लिए कोई नहीं था । सारी रात वो रेलवे ट्रैक पर घायलावस्था में पड़ी रहीं । रक्त बहता रहा तथा रक्त से लथपथ वो दर्द से कराहती रही । फिर दूसरे दिन कहीं जा कर

वहाँ के स्थानीय लोगों ने उसे हॉस्पिटल पहुंचा कर चिकित्सा सुविधा उपलब्ध करवाई ।

फिर भी बहुत देर हो चुकी थी । डाक्टरों के तमाम प्रयासों के पश्चात भी उसका दूसरा पांव भी काटना पड़ा । इस सब के होने पर भी यहां जीवन की सारी आशाएं धूमिल हो जाती हैं । यहां इंसान सारी हिम्मत खो देता है, अरुणिमा सिंह ने फिर भी किंचित भी साहस नहीं खोया । उसने नए सिरे से अपनी वर्तमान स्थिति के साथ ही संघर्ष करने का दृढ़ निश्चय किया । उसने एक पर्वतारोही बनने और पर्वतारोहण करने का निर्णय लिया । इसके लिए उसने अपने दोनों पांव खो देने के पश्चात भी आवश्यक कड़ा अभ्यास व परिश्रम किया । यहां तक कि अभ्यास के दौरान उसकी टांगों से रक्त भी बहने लगता किंतु उसने साहस नहीं खोया तथा हिमालय पर्वतमाला की विश्व भर में सबसे ऊंची चोटी की विजेता बनी ।

किसी भी व्यक्ति के व्यक्तित्व का विकास सहसा ही नहीं हो जाता । जैसा कि पहले भी इस विषय में चर्चा कर रहे थे कि इसके लिए अपने पर नियंत्रण तथा साधना की आवश्यकता होती है । कठोरता से अपने जीवन में संयमता तथा नियमों का पालन करना पड़ता है ।

जितनी भी आज तक की महान विभूतियाँ हुई हैं अथवा जिनका व्यक्तित्व विकासशील व अनुकरणीय रहा है, उनकी जीवनी के अध्ययन से इस बात का पता चलता है कि उन्होंने अपने जीवन काल के आरम्भ से ही कैसा जीवन जिया है । उनके ऊपर कोई कठोर नियम या, अनुशासन या प्रतिबंध नहीं थे, बल्कि उन्होंने जो भी जीवन जिया अपनी अभिरुचि के अनुसार उसका चयन किया तथा बिना किसी बंदिश या दबाव के उसे अपने स्वभाव में उतार लिया । फिर यह सब एक ही दिन में घटित नहीं हो गया ।

धीरे-धीरे जैसे जैसे समय व्यतीत होता गया उनके व्यक्तित्व का भी वैसा ही विकास होता चला गया ।

उसी के अनुसार उनका अपने परिचितों में तथा समाज में प्रभाव परिलक्षित होता गया । फिर धीरे-धीरे वो अपने जीवन पथ पर निरंतर चलते हुए ऐसे स्थान पर भी पहुँच गए जो जीवन का चरमोत्कर्ष स्थान था । यहां उनके जीवन के इतिहास का अवलोकन करने से इस बात का आभास होता है कि उन्होंने सहज में ही अपने जीवन को सफल बना लिया । यही तो थी उनके जीवन की सफलता ।

इस सब को गहराई से समझने के लिए हमें ऐसी बहुत सी महान विभूतियों के संपूर्ण जीवन काल का अध्ययन करना पड़ेगा । वैसे तो विश्व भर में ऐसे बहुत से महान व्यक्तित्व हुए हैं, जिनका हम अपने लिए सही जीवन पथ का अनुसरण करने के लिए अध्ययन कर सकते हैं । महान ऋषि-मुनी, विचारक तथा उपदेशक, जिनके जीवन के विषय में ज्ञानार्जन किया जा सकता है । जैसे महात्मा गांधी,स्वामी विवेकानंद, इत्यादि ।

महात्मा गांधी जी का जन्म पोरबंदर (भारत) में २अक्टूबर १८६९ को एक गुजराती परिवार में हुआ था, जिनके जीवन के विषय में हम इससे पूर्व भी चर्चा कर चुके हैं । उनका जीवन आरम्भ से ही बहुत संघर्षशील रहा था। फिर भी उनकी अपने जीवन में सच्चरित्र आचरण, सच्चाई, प्रतिबद्धता, अहिंसा, व मानवता के प्रति प्रेमपूर्ण जीवन शैली, उन्हें ऐसे स्थान पर ले आई कि आज समस्त विश्व-भर में एक महात्मा के रूप में जाना जाता है । उन्होंने भारत वर्ष में अहिंसा का मार्ग अपनाते हुए देश की स्वतंत्रता की लड़ाई लड़ कर भारतवर्ष को अंग्रेज़ों की दासता से मुक्ति दिलाने में अपनी एक अहम भूमिका निभाई । उन्होंने लाठी-डंडे का त्याग करके सत्याग्रह का

मार्ग अपना कर स्वतंत्रता आंदोलन में अपना योगदान दिया तथा अंग्रेज़ों को भारत छोड़ने पर विवश कर दिया । वो सदैव ही कहा करते थे कि दुनिया में कोई भी युद्ध हथियारों के बल पर नहीं जीता जा सकता । इसके लिए उन्हें कभी न कभी शांति वार्ता के लिए एक साथ आना ही पड़ेगा । उनका अपने देश वासियों के लिए एक महान उपदेश था 'अहिंसा परम-धर्म' । वो अपने सभी देशवासियों से कहा करते थे,– 'बुरा मत देखो, बुरा मत सुनो, तथा बुरा मत कहो ।" उन्होंने जीवनपर्यंत भारत वर्ष की एकता, भाई-चारा, मान–सम्मान तथा मानवता के प्रेम के लिए प्रयास किया । भारतवर्ष में तो उन्हें आत्मीय सम्मान से 'बापू' की उपाधि भी दी हुई है ।

स्वामी विवेकानंद, जिनका बचपन का नाम नरेंदर नाथ दत्ता था, १२ जनवरी १८६३ को कलकत्ता जिसे आज कल कोलकाता के नाम से जाना जाता है, नाम के शहर में पैदा हुए थे । उन्होंने अपने जीवन काल में बहुत सी किताबें भी लिखीं । उनके वक्तवयों से प्रभावित जन साधारण उन्हे 'स्वामी' जी के नाम से संबोधित करता था । वह एक सच्चे समाज सुधारक भी थे । उन्होंने जीवन के गूढ़ रहस्यों पर भी चिंतन एवं अध्ययन किया । उन्होंने योग की विभिन्न धाराओं जैसे राजयोग, कर्मयोग, भक्तियोग, आसन तथा ध्यान की विधियों पर भी बहुत शोध कार्य किया । उन्होंने १८९७ में रामकृष्ण मिशन की भी स्थापना की । वह बहुत बड़े विद्वान तथा वक्ता भी थे।

उन्होंने जन साधारण को बताया कि शांत एवं तनाव मुक्त जीवन कैसे जिया जा सकता है । अपने मन को कैसे नियंत्रित किया जा सकता है । अर्पनी भीतरी योग्यता को कैसे बाहर लाया जा सकता है । उन्होंने अपने प्रवचनों व लेखन से लोगों की आध्यात्मिक उन्नति के साथ ही मन, वचन व

कर्म से भी शुद्ध होने तथा जीवन में उपयुक्त योग्यता प्राप्त करने की विधियों को आम जन साधारण के सम्मुख सरल तरीके से लाया जिससे कि सभी उनका लाभ प्राप्त कर सकें ।

उन्होंने जीवनपर्यन्त मानव जाति के उत्थान व उसकी भलाई के लिए कार्य किया । ऐसे महापुरुष की जीवनी के विषय में अध्ययन के पश्चात निश्चित रूप से ही कहा यह कहा जा सकता है कि सच्चे अर्थों में एसी विभूतियाँ ही एक 'सफल जीवन' जीती हैं ।

फिर भी एक महापुरुष की जीवन में अर्जित की हुई सफलता तथा अर्जित किया हुआ 'सफल जीवन' इसमें बहुत अंतर है । जीवन में सफलता प्राप्त करना भिन्न बात है और इसके परिणाम से अपने लिए जीए हुए जीवन का एक 'सफल जीवन' में परिवर्तित हो जाना दूसरी बात है ।

ऐसे प्रभाव पूर्ण व्यक्तित्व के लिए यहां इंसान के वाणी व्यवहार का बहुत महत्व है, वहीं उसके लिए दूसरों के साथ रहते हुए उन्हें दिए जा रहे मान-सम्मान का भी बहुत महत्व है । आप जिन लोगों के साथ या समाज में रह रहे हैं उनके लिए आपका कितना महत्व है । आप का उनके प्रति कितना सम्मान पूर्वक व्यवहार है । इन सब बातों का भी आपके व्यक्तित्व व चरित्र के निर्माण में बहुत अधिक योगदान है ।

ऐसी जिजीविषा तथा ऐसे अनुकरणीय जीवन के लिए सोच भी वैसी ही होनी चाहिए तथा इसके लिए प्रयास भी वैसा ही होना चाहिए । इसके लिए दृढ़ आत्मविश्वास एवं अथक परिश्रम की आवश्यकता होती है ।

फिर यह सब सहसा ही तो नहीं हो जाता । इसके लिए जीवन में अध्ययन, मनन तथा तपस्या की आवश्यकता भी निहित होती है । फिर जब आपका झुकाव इसी सोच व ऐसे जीवन यापन की ओर होता है तो स्वयंमेव

ही आपके विचारों में भी पूर्ण रूप से सकारात्मक परिवर्तन आता जाएगा, जो कि आपके सकारात्मक (Positive) व्यक्तित्व के विकास के लिए अत्यंत आवश्यक भी है ।

जब भी आप सोचें, जैसी भी परिस्थिति हो आप सदैव ही सकारात्मक ही सोचें । जीवन में ऐसी सोच व ऐसी ढृडता को लाने के लिए आपके व्यक्तित्व में भी सच्चाई, संयम, सहनशीलता, व वाणी में मिठास चेहरे पर खुशी तथा प्रसन्नता की आभा के साथ ही गहन आत्मविश्वास भी होना चाहिए । व्यवहार में पारदर्शिता एवं निर्मलता होनी चाहिए । किसी प्रकार का दिखावा या छलावा नहीं होना चाहिए । हर एक लिए मन में प्यार, हमदर्दी तथा अपनेपन का भाव होना चाहिए ।

वैसे हमारे कहने का आशय यह कदापि भी नहीं है कि आप अपने व्यवहार में एसे परिवर्तन ले आएं कि सब के लिए आप सहज ही सुलभ हो जाएं तथा जो कोई भी चाहे, जब भी चाहे, जैसे भी चाहे, आपसे अपने स्वार्थ को साध सके । आज के समय में दुनिया में व्यवहार कुशल होने के साथ साथ ही समझदार चतुर व चालाक होना भी अत्यन्त ही आवश्यक है ।

हमारे कहने का आशय यही है कि व्यवहार कुशल होने तथा अपने व्यक्तित्व विकास एक लिए समुचित व उपरोक्त गुणों का होना भी अति आवश्यक है ।

10

भय एवं संयम

सुबह जागने पर मुझे बहुतया इस बात का एहसास होता कि जैसे मैं विक्रम बेताल की कहानी पढ रहा हूं या स्वयं ही उसका पात्र हूं । जैसे अभी बेताल आएगा और मुझे विक्रमादित्य मानते हुए अपनी कहानी कहना आरम्भ कर देगा । ऐसा सोचते सोचते मुझे शीघ्र जाग जाने पर कभी कभी उसका इंतज़ार सा होने लगता । ऐसा ही आज भी हो रहा था । शायद आज उसे आने में देर हो गई है । ऐसा मैं अभी सोच ही रहा था कि तभी उसका सुन्दर सलोना चेहरा दिखाई दे गया । वो मेरी और देखता हुआ मुस्कुरा सा रहा था ।

मेरी और देखते हुए वह स्वयं ही कहने लगा– 'आज मैं इन पृष्ठों के माध्यम से तुम्हें एक ऐसे विषय पर जानकारी दूँगा जिसके सामने सभी भावनाएं धूमल सी पड़ जाती हैं । इंसान में सभी गुण होने के उपरांत भी वो एक 'सफल जीवन' नहीं जी पाता । यह इंसान में एक ऐसा दोष है जिससे कि वो कभी भी इच्छानुसार उन्नति नहीं कर पाता । कभी भी उसे जीवन में अपना मन चाहा उसे प्राप्त नहीं होता है तथा इस प्रकार वो कदापि भी एक 'सफल जीवन' नहीं जी पाता है ।"

मैं उसका वार्तालाप सुन कर मुस्कुरा दिया, किंतु उसने मेरे मुस्कुराने की ओर अधिक ध्यान नहीं दिया । मानो अपनी बात शीघ्रता से समाप्त करना चाहता हो । अगले ही पल उसके मुंह से शब्द निकला–'भय" ।

‘भय’ एक ऐसा शब्द या भाव है जो सदा ही इंसान के व्यक्तित्व को उजागर नहीं होने देता । चाहे इंसान किसी भी स्थिति में हो । धनी हो, निर्धन हो, प्रसिद्ध हो या गुमनाम । यदि व्यक्ति भयभीत है तो वो कुछ कर नहीं पाता । डरा और सहमा हुआ सा इंसान अपने जीवन में कभी भी किसी भी काम में कभी सफल नहीं हो पाएगा ।” इतना उपदेश दे कर उस देवदूत ने अपने साथ लाए हुए पृष्ठ मेरी ओर बढ़ा दिए तथा मेरे पृष्ठ स्वीकार करते ही स्वयं वो अंतर्ध्यान हो गया ।

बात तो उसने पूर्णतया सही कही थी । ‘भय’ शब्द ही ऐसा है कि यह इंसान रुपी पौधे को कभी पनपने ही नहीं देता । एक भयभीत व्यक्ति चाहे किसी भी कारण से भयभीत हो, उसको उस भय से उभरने में बहुत समय लगता है । कई बार तो वो उम्र भर भी इस भय के बंधन से नहीं निकल पाता । जैसे इससे पूर्व ‘संयम व न्यायप्रियता’ अध्याय में भी न्याय के सम्बन्ध में बात की गई है, एक भयभीत व्यक्ति कभी भी किसी से न्याय नहीं कर सकता । वो हर परिस्थिति में डरा सहमा ही रहता है । चाहे कोई मौखिक परीक्षा हो या परिस्थितिजन्य, कहीं भी वो सामना कर पाने की स्थिति में नहीं होता ।

‘भय’ का प्रभाव कई बार इतना गहरा होता है कि जब तक यह इंसान पर हावी रहता है, तब तक वो पल भर भी चैन से नहीं रह सकता । फिर एक ‘सफल जीवन’ जीने की तो बात ही नहीं उत्पन्न होती । किसी ने किसी को जान से मार डालने की धमकी दे दी । किसी ने किसी का अपहरण करने की धमकी दे डाली या अपहरण कर के फिरौती की मांग कर डाली । यह सभी बातें जीवन में कितनी भी स्थिरता होने पर भी जीवन को स्थिर नहीं होने देतीं । इन का प्रभाव शीघ्र ही कम नहीं होता । कभी कभी तो जब

तक कि इस का पूर्ण समाधान नहीं हो पाता तब तक या जीवन पर्यन्त ही यह भय इंसान को उद्वेलित किये रहता है ।

'भय' कहीं भी कैसे भी उत्पन्न हो सकता है। किसी के डराने या किसी के धमकाने से । व्यापार में हानि या प्रतिद्वंदिता होने से । कुछ खो देने का भय । कोई भी कारण हो सकता है ।

ऐसी परिस्थिति में इंसान को संयम से काम लेना चाहिए । संयम का सहारा व्यक्ति के डर को समाप्त तो नहीं कर पाता किन्तु उसके प्रभाव को कम अवश्य ही करता है ।

इतिहास में तो इस संदर्भ में बहुत से राजा महाराजों के भी उदाहरण हैं, जैसे राम गुप्त का ,जो कि सम्राट चन्द्र गुप्त का रिश्ते में भाई था । उसने डर कर अपनी पत्नी को ही शत्रु को सौंपने के लिए संधि कर ली थी ।

इसके अतिरिक्त जय राज के विषय में तो सर्वविदित है ही कि वो डर कर महाराज पृथवीराज के विरुद्ध शत्रु पक्ष मोहम्मद गौरी से जा मिला था। ऐसे व्यक्ति कब एक 'सफल जीवन' जी पाते हैं । वो तो अपना जीवन भी नहीं जी पाते । वो सदैव डर कर या छुप कर जीवन व्यतीत ही करते हैं । ऐसे लोग एक 'सफल जीवन जीना' तो दूर अपना साधारण जीवन भी नहीं जी पाते । इतिहास में ऐसे अनेकानेक उदाहरण भरे पड़े हैं । डरपोक और कायर राजाओं के । तो क्या ऐसे राजा महाराजों का जीवन किसी भी रूप में सफल कहा जा सकता है, जिन्होंने ने सदैव ही अपना जीवन डर-डर कर ही जिया हो ? कदापि भी नहीं ।

ऐसे व्यक्ति के जीवन में हर पल तरह तरह की उधेडबुन ही रहेगी । एक पल भी चैन नहीं होगा । वह कभी भी अपना जीवन सुख-चैन से नहीं व्यतीत कर पाएंगे । उनका सारा जीवन यूँ ही व्यर्थ ही जाएगा । वो कभी भी

अपने जीवन से संतुष्ट नहीं हो पाएंगे । एसे व्यक्ति ही जीवन में आमतौर पर कहते सुने जाते हैं कि उनका यह जीवन तो व्यर्थ ही गया, क्यों कि वो भीतर से कायर होते हैं । परिस्थितियों के सामने नमस्तक होते हैं । उनकी इच्छाएं कभी भी पूर्ण नहीं हो पातीं । एक तरह से वो जीवन के अंतिम समय तक भी अतृप्त ही रहते हैं ।

इसी प्रकार डर या भय के साथ ही एक और शब्द भी जुड़ा हुआ है, वो है संकोच । यहां डर होता है वहाँ संकोच तो होता ही है । यहां जब संकोच समाप्त हो जाता है भय भी समाप्त हो जाता है । भय से पूर्व होता है संकोच तथा संकोच के पूर्व होती है दुविधा । इन सभी शब्दों से दूर ही रहने का प्रयास करना चाहिए । दुविधा संकोच की जननी है एवं संकोच भय का। मनुष्य को जीवन में एक 'सफल जीवन' यापन के लिए ऐसे शब्दों एवं इस प्रकार की भावनाओं से दूर ही रहने का प्रयास करना चाहिए । तभी उसका जीवन एक 'सफल जीवन' हो सकता है और वो एक 'सफल जीवन' जी सकता है ।

किन्हीं विशेष परिस्थितियों में 'भय' से निजात पाने का एक सरल उपाय भी है । जिसका वर्णन यहां करना अनुचित नहीं होगा । इस के विषय में एक बार कहीं पढ़ने को मिला था ।

एक बार एक बहुत बड़ा व्यापारी था । वो एक बहुत बड़ी पार्टी में शामिल था । पार्टी जोर शोर से चल रही थी । तभी उसके पास उसके एक कर्मचारी ने आ कर उसे सूचना दीं कि उसका समुद्री जहाज़ जो बहुत सा माल ले कर विदेश जा रहा था । जिसमें करोड़ों का सामान था तथा जिसके डूब जाने से वो व्यापारी पूरी तरह से तबाह हो सकता था । उस पर सब से बड़ी बात यही थी कि इस बार उस का बीमा भी नहीं करवाया गया था, उसी

के विषय में मौसम विभाग सूचना दे रहा था कि उसके रास्ते में एक बहुत बड़ा तूफ़ान आने वाला है । व्यापारी ने अपने कर्मचारी की बात को बहुत धैर्य से सुना किन्तु इस पर कोई प्रतिक्रिया व्यक्त नही की तथा अपने उसे वहाँ से जाने को कहा । वो कर्मचारी अपनी ड्यूटी का निर्वाह कर के वहाँ से चला गया ।

कुछ ही देर हुई थी कि वही कर्मचारी फिर उस व्यापारी के पास उपस्थित हुआ तथा उसे बताया कि उसका समुद्री जहाज़ तूफ़ान में घिर गया है । इस पर भी उस व्यापारी के व्यवहार में कोई परिवर्तन नहीं हुआ । वो पहले की भाँति ही पार्टी में आनंद में मग्न रहा और अपने कर्मचारी को फिर से वहाँ से चले जाने को कहा । वो कर्मचारी फिर वहाँ से चला गया ।

अब जब तीसरी बार उस कर्मचारी ने आ कर उस व्यापारी को फिर यह सूचना दी कि उसका जहाज़ उसका जहाज़ पूरी तरह से लहरों में घिर कर डूब गया है तो तब वो व्यापारी दहाड़ें मार कर रोने लगा ।

इस पर जब उस व्यापारी से यह पूछा गया कि जब इससे पूर्व उसका कर्मचारी उसे जहाज़ के संकट में होने की सूचना दे रहा था तो तब वो परेशान क्यों नहीं हुआ ?

'परेशान होने जैसी कोई बात ही नहीं थी ।" उस व्यापारी का अप्रत्याशित उत्तर था- 'जब कोई घटना हुई ही नहीं । कुछ बुरा ज़िंदगी में हुआ ही नही तो परेशान होने जैसी कोई बात ही नहीं थी ।"

इंसान के धैर्य अथवा संयम का इससे बढ़ कर कोई अन्य उदाहरण शायद और नहीं हो सकता । आमतौर पर हम किसी भी प्रकार की विपत्ति के आने से पूर्व ही घबरा जाते हैं । कुछ अनहोनी हुई ही नहीं होती, हम अपने जीवन को यूँ ही उद्वेलित कर लेते हैं । परेशान हो जाते हैं ।

इसी प्रकार धैर्य एवं संयम का पालन देश के प्रधानमंत्री व अन्य कर्णधारों को भी करना पड़ता है अन्यथा विनाश होने में किंचित भी समय नहीं लगता ।

काश ! इसी प्रकार थोड़े धैर्य व संयम का दामन कभी दूसरे विश्वयुद्ध में अमेरिका ने भी थाम लिया होता तो 'हिरोशिमा' तथा 'नागासाकी' जैसे भीषण नरसंहार की त्रासदी मानव जाती को न झेलनी पड़ती ।

इसके पश्चात उस देव-दूत ने अपनी डायरी के पृष्ठों में लिखा था कि मनुष्य को सदैव ही ऐसे नकारात्मक भावनाओं से दूर रहते हुए प्रसन्नतापूर्वक जीवन जीना चाहिए । स्वयं भी प्रसन्नचित रहो तथा दूसरों को भी प्रसन्नता प्रदान करो । यही 'सफल जीवन' का एक गूढ़मन्त्र है ।

(11)

प्रसन्नता बांटते चलो !

आज सोते समय मुझे कुछ आशा नहीं थी कि वो मेरा आध्यात्मिक मार्ग-दर्शक फिर मुझे दिखाई देगा, ना जाने क्यों ! फिर भी मुझे उसकी प्रतीक्षा थी । कुछ समय व्यतीत हुआ । सहसा ही सामने मुझे फिर से उसका मुस्कुराता हुआ चेहरा दिखाई दिया । वो मुस्कुरा रहा था- 'मैं अपने नियत समय पर पहुँच गया मेरे मित्र ।"

मैं कुछ कहना ही चाहता था कि इससे पहले ही वह बोल पड़ा- 'मुझे अपने कर्तव्य का एहसास है । मैंने तुम्हें एक निश्चित कार्यभार सौंपा है तथा उसके प्रति उचित मार्ग दर्शन देना और सहायता करना मेरा कर्तव्य है । तुम निश्चिंत रहो ।"

इससे पहले कि प्रति उत्तर में मैं कुछ कहता उसने डायरी के कुछ पृष्ठ मेरी और बढा दिए । कहने लगा- 'आज का विषय रुचिक्रार तथा प्रसन्नता का है । इंसान के जीवन में प्रसन्नता का जितना महत्व उसके अपने लिए है उतना ही दूसरों के लिए भी है । इसलिए इंसान का स्वयं के लिए तो प्रसन्न रहना आवश्यक है ही उसके साथ ही उसका दूसरों के लिए भी प्रसन्नता का बाँटना उतना ही आवश्यक है-" इसके साथ ही उसने डायरी के कुछ अन्य पृष्ठ मेरी और बढा दिए तथा मुझे उन्हें पढ़ने का इशारा किया।

प्रसन्नता एक ऐसा शब्द है । जिसके स्मरण से या उच्चारण से ही प्रसन्नता का एहसास होने लगता है । दुनिया में हर कोई प्रसन्न ही रहना चाहता है । प्रसन्नता कोई विषय वस्तु नहीं है बल्कि एक एहसास है । इसे कहीं से लिया नहीं जा सकता । इसे अपने भीतर ही उत्पन्न किया जा सकता है । कैसे ? प्रसन्नता को अपने भीतर कैसे उत्पन्न किया जा सकता है ? प्रसन्नता को दूसरों में बाँट कर, दूसरों की खुशियों में तलाश कर इसे अपने भीतर भी अनुभव किया जा सकता है ।

यह सर्वविदित है कि प्रसन्नता को जितना अधिक दूसरों में बाँटा जाएगा उतना ही इसे अपने भीतर ओर भी अधिक पाया जा सकेगा ।

एक बार एक मैदान में बहुत से बच्चे खेल रहे थे । अचानक ही वहाँ से गुजरते हुए मैंने देखा कि एक कोने में एक बच्चा एक ओर बैंच पर उदास बैठा उन खेलते हुए बच्चों को देख रहा था । मन में एक कौतुहल सा उत्पन्न हुआ की यह बच्चा क्यों नहीं उन बच्चों के साथ खेल रहा है । क्या यह बीमार है या इसके साथी उसे अपने साथ नहीं खिला रहे या फिर इसका स्वयं का ही मन खेलने का नहीं कर रहा है । कुछ अच्छा सा नहीं लगा कि सभी बच्चे खेल रहे हैं और एक बच्चा एक तरफ उदास सा बैठा उन्हें खेलते हुए देख रहा है स्वयं नहीं खेल रहा है । मैंने उसे पास जा कर पूछा कि बेटा क्या बात है तुम क्यों नहीं खेल रहे हो ? तो उसने उदासी से मेरी ओर देखते हुए कहा कि उसके साथ उसे अपने साथ नहीं खिला रहे थे । सुन कर अच्छा नहीं लगा । मैंने उसके खेल रहे साथियों को अपने पास बुलाया और पूछा– 'बेटा आप सभी खेल रहे हो और आप का एक साथी यहां अकेला उदास सा बैठा हुआ है क्या आप को अच्छा लगा रहा है ?"

'नहीं अंकल ! यह खुद ही हमारे साथ नहीं खेल रहा है ।"

तब मैंने उससे पूछा कि क्या बात थी तो उसने बताया तो पता चला की वो खेल में पहले खेलना चाहता था ।

बात असल में कुछ पेचीदा थी । फिर भी मैंने उसके साथियों से कहा– 'बेटा बात तो आप की भी सही है कि बिना किसी निर्णय के आप के साथी को पहले कैसे खेलने दिया जा सकता है ?"

'पर मुझे पहले एक बात बताओ कि क्या आप को अपने एक साथी का यूँ नहीं खेलना और उदास बैठे रहना अच्छा लग रहा है ?" तो सभी का एक स्वर में यही उत्तर था की नहीं ।

तब मैंने उन से कहा कि बात छोटी सी ही थी जिसे तुम भी आसानी से सुलझा सकते थे । सबसे पहले देखा जाए तो यदि तुम उसे पहले ही खेलने दे देते तो कुछ विशेष अंतर नहीं पड़ता, किंतु यह आपकी भी प्रतिष्ठा का प्रश्न था । इसलिए तुम इसे समझा–बुझा कर एक सिक्का उछाल कर भी इस बात का निर्णय कर सकते थे । चलो अभी भी कुछ नहीं बिगड़ा है । आओ इस बात का निर्णय करते हैं । इस बात पर वो सभी सहमत हो गए। उनका रूठा हुआ साथी भी साथ आ गया । इसके पश्चात जब सिक्का उछाला गया तो उस रूठे हुए साथी के पक्ष में निर्णय न होने पर भी उनमें मतभेद समाप्त हो गया और वो सभी प्रसन्नता पूर्वक एक साथ खेल खेलने लगे ।

ज़रा सोचिए ! इससे कितना प्रसन्नता का विस्तार हुआ ? उस रूठे हुए साथी के फिर से खेल में सम्मलित होने पर उसको कितनी खुशी हुई होगी, उसकी सारी उदासी दूर हो गई । उसके सभी साथी भी जो उसके खेल में सम्मलित न होने पर भीतर ही भीतर से दुखी थे, वो भी उसे फिर से वापस खेल में पा कर कितने खुश हुए होंगे । इस सब से अधिक प्रसन्नता का अनुभव तो मुझे उन सब की ख़ुशियाँ लौटा कर हुआ । उन्हें फिर से एक

साथ खेलते देख कर जिस प्रसन्नता का एहसास मुझे हुआ, वही प्रसन्नता है जिसका अनुभव हम सब को होना चाहिए ।

वैसे यह बहुत बड़ी बात नहीं है । ख़ुशियाँ हमेशा बांटने से बढ़ती ही हैं। ख़ुशियों को जितना लुटाया जाए इतनी ही उनमें बढ़ोतरी होगी । खुश कौन नहीं रहना चाहता । हर इंसान खुश व प्रसन्न रहना चाहता है । यहां तक कि दूसरों को भी हर कोई प्रसन्न व खुश हाल ही देखना देखना चाहता है । कोई अपने किसी मित्र को या सम्बन्धी को कभी भी दुखी या परेशान नहीं देखना चाहता । हर कोई चाहता है कि उसके संपर्क में हर कोई खुश हाल व प्रसन्न रहे । यही इंसान का स्वभाव व उसका व्यक्तित्व भी है । यही एक सच्चाई भी है किंतु ख़ुशियाँ वही व्यक्ति बाँट सकता है जो स्वयं भी खुश हो व प्रसन्न हो ।

यह सब स्वाभाविक भी है क्योंकि कोई भी स्वयं कभी भी दुखी या परेशान नहीं रहना चाहता । इस लिए जब किसी व्यक्ति के आस पास संपर्क या सम्बन्ध में कोई दुखी होगा तो उस को अपेक्षित ख़ुशियाँ कैसे मिल सकती हैं । हर कोई सदैव ही अपने पास-पड़ोस, परिवार, मोहल्ले, गांव, यहां तक की शहर या देश में भी प्रसन्नता का ही साम्राज्य चाहता है ।

मित्र दुखी परेशान या बीमार होगा तो स्वयं प्रसन्न नहीं हुआ जा सकता। पत्नी या माता-पिता दुखी परेशान या बीमार होंगे तो भी खुश नहीं रहा जा सकता । क्या आप सोचते हैं कि जब आपके शहर या देश में कोई आपदा आई हो तो आप प्रसन्न रहा सकते हैं ? कभी नहीं । किसी महान नेता या प्रिय पर कोई संकट आता है तो हम सब तब भी चिंतित हो जाते हैं । जब देश पर संकट आता है तो लाखों हाथ दुआ के लिए उठ खड़े होते हैं । ऐसा मनुष्य का स्वभाव ही है ।

कुछ छोटी छोटी सी बातें होती हैं । आप किसी की कोई थोड़ी से सहायता कर दें, किसी भी रूप में, तो देखिये आप को पल भर के लिए ही सही किस प्रकार प्रसन्नता का एहसास होता। प्रति दिन की जीवन यात्रा में हमें कई प्रकार के लोग मिलते हैं जिन्हें कि सहायता की आवश्यकता होती है। किसी को सड़क पार करा दें, किसी भूखे को भोजन करा दें, किसी बच्चे की कोई इच्छा पूरी कर दें । किसी भी प्रकार के जरूरत मंद की थोड़ी सी सहायता भी हम सब को अपार प्रसससन्नताएँ दे जाती है ।

ऐसा होता है जीवन में । अब इन सब घटनाओं का यहां पर वर्णन करने का एकमात्र उद्देश्य यही था कि धन दौलत से बहुत अधिक लगाव इंसान के जीवन में जो भी परिवर्तन लाता है, उससे जीवन को एक सफल जीवन की परिभाषा से नहीं संबंधित किया जा सकता ।

आज उसकी दी हुई डायरी के पृष्ठों पर ख़ुशियाँ प्राप्त करने के विषय में तथा परिणाम स्वरूप उसके जीवन में होने वाली प्राप्ति के सम्बन्ध में विस्तार पूर्वक लिखा हुआ था कि इसे पढ़ कर जीवन में होने वाली एक प्रकार की तृप्ति का, कुछ पा लेने का भावनात्मक सा अनुभव हुआ । आज के पृष्ठों पर इतना ही लिखा हुआ था । जिसे पढ़ कर मैंने रोशनी को बंद किया और सोने का प्रयास करने लगा ।

(12)

अहम की संतुष्टि

आज उसने मुझसे कुछ नहीं कहा था । चुपचाप डायरी के कुछ पृष्ठ मेरी ओर बड़ा दिए तथा हौले से मुस्कुरा दिया । मैंने जैसे ही पृष्ठों की ओर दृष्टि डाली, वह बेताल की भाँति अदृश्य हो चुका था । मैंने पृष्ठ लिए तथा उन्हें आराम से बैठ कर पढ़ना शुरू कर दिया ।

एक छोटा सा उदाहरण है । एक बार कुछ बच्चे आपस में खेल रहे थे। खेलते खेलते ही सहसा ही उनमें कुछ कटुता आ गई । दूसरे को अपने द्वारा की हुई भूल का पता भी न चला किंतु दूसरा उसका साथी उससे रूठ गया । किसी ने भी किसी से कुछ नहीं कहा किंतु उनका मौन रूठना दोनों के लिए ही असहनीय हो गया । सामने से गुजरने पर एक दूसरे को बुलाते नहीं । दोनों में से किसी को भी नहीं मालूम था कि इस नाराज़गी की वजह क्या है? अब दोनों ही एक दूसरे से बात भी करना चाहते हैं किंतु दोनों का अहम बीच में आ जाता है ।

एक दिन ऐसा हुआ कि उन दोनों दोस्तों में से एक का अन्य दोस्त पहले के पास आया और उससे पूछने लगा कि वो उससे रुष्ट क्यों है बात क्यों नहीं करता ? तो पहले का उत्तर था कि वो भी मुझ से बात नहीं करता।

जीवन में कुछ ऐसा भी हो जाता है जिसका कि कोई गंभीर कारण नहीं होता किंतु वो सब कुछ लोगों के बीच वो एक समस्या बन जाता है और उनके सुख-शांति को बाधित कर देता है ।

यह तो उदाहरण था दो बच्चों की आपस में हुई बातचीत एवं उनके बीच हुई किसी भूल के कारण उपजी हुई कटुता का ।

इसी अहम के कारण ही कभी कभी इंसान के बीच ऐसी भी समस्याएं उत्पन्न हो जाती हैं जिनसे की सारा जीवन भी बर्बाद हो जाता है ।

इसी प्रकार का एक उदाहरण ऐसा भी है । हिमाचल में रहने वाली हिमांशु जैन बताती हैं कि उनकी शादी उसी लड़के से होने वाली थी जिसे कि वो बचपन से ही चाहती आईं थी किन्तु सहसा ही एक दिन उन दोनों के बीच कुछ इस प्रकार की ग़लतफहमी सी हो गई जिसे की बहुत प्रयास करने के पश्चात भी दूर नहीं किया जा सका और उन दोनों के मध्य के सम्बन्ध हमेशा हमेशा के लिए समाप्त हो गए । वह आगे चल कर बताती हैं कि इस में कुछ भी ऐसा नहीं था जिससे कि उन के सम्बन्ध इस प्रकार से टूट जाते किंतु दूसरे के अहम ने उसे अपनी भूल स्वीकार नहीं करने दी और कुछ भी न होने के उपरांत भी यह सम्बन्ध फिर से न ठीक हो सके ।

दुनिया में बहुत से परिवार इसी प्रकार अहम के कारण भी टूट जाते हैं तथा बहुत से परिवारों में आई हुई कटुता एवं तलाक का आधार भी यही अहम है । अतः अपने जीवन में समानता व मधुरता लाने के लिए अपने अहम का त्याग करना सदैव ही उचित रहता है । यदि अपने अहम को छोड़ देने से आपके सम्बन्ध बने रह सकते हैं तो इस प्रकार के सौदे को कभी भी घाटे का नहीं कहा जा सकता । कभी कुछ सम्बन्ध यूँ ही इस अहम के कारण टूट जाते हैं और फिर जीवन भर का दुःख दे जाते हैं । जिसका कि कभी भी कोई समाधान नहीं हो सकता । जिसकी कभी भी कोई दवा नहीं हो सकती ।

इस विषय पर बात करते हुए एक बहुत ही प्यारी एवं अनुकरणीय घटना का स्मरण हो आता है । यह घटना एक दंपति की है । दोनों के विचारों में तथा आचार-व्यवहार में इतना सामंजस्य था, इतनी समझ थी कि उनका गृहस्थ जीवन दूसरे परिवारों के लिए एक उदाहरण स्वरूप था ।

एक दिन की बात है कि घर के मुखिया जब सुबह बिस्तर पर से उठ कर स्नानगृह की ओर जाने लगे तो कमरे के मध्य में रखी हुई इस्त्री से उनका पांव टकरा गया । थोड़ी सी ध्वनि भी हुई और उनके पांव को कुछ चोट भी आई। घर की मालकिन तुरंत ही भागती हुई रसोई घर से बाहर आईं और पूछा कि क्या हुआ ?

मुखिया ने कहा कि कुछ नहीं हुआ है । यूँ ही शीघ्रता में मेरा पांव इस इस्त्री से टकरा गया ।

'कोई चोट तो नहीं लगी ?" उनकी पत्नी ने पूछा ।

'नहीं कोई विशेष नही । मामूली सी चोट लगी है । ठीक हो जाएगी।" पति ने उत्तर दिया ।

पत्नी तुरंत ही उनकी चोट को सहलाने लगी– 'मैं भी कितनी नासमझ और भुलक्कड़ हूँ । कमरे के मध्य में इस्त्री को रख कर भूल गई ।"

'नहीं ! नहीं इसमें तुम्हारी कोई गलती नहीं । मुझे ही देख कर चलना चाहिए था । मैं ही यदि संभल कर चलता तो यह ठोकर नहीं लगती ।" पति महोदय ने कहा ।

कहने को यह छोटी सी लेकिन वास्तव में बहुत बडी बात थी यह ! दोनों पति-पत्नी आपस में लड़ने-झगडने और एक दूसरे पर दोषारोपण करने के स्थान पर दूसरे की गलती को अपने पर ले रहे थे । क्या ऐसे घर में, या ऐसे दंपति के मध्य कभी लड़ाई झगड़ा या तकरार हो सकती है ?

शायद कभी नहीं । यह छोटी छोटी किन्तु अति महत्वपूर्ण बातें ही कई बार हमारे जीवन में हमारी सुख-शांति व 'सफल जीवन' के लिए उत्तरदायी हो सकती हैं ।

कभी कभी तो किन्ही विषम परिस्थितियों में चुप्पी साध लेने से या खामोश रह जाने पर भी आंतरिक कलह से बचा जा सकता है ।

देखा जाए तो 'अहम' एक ऐसी मनोवैज्ञानिक ग्रंथि है जो कि कई सम्बन्ध समाप्त कर देती है । जिसका संभवतः कोई इलाज़ नहीं । यदि इसका इलाज़ है तो स्वयं इंसान के पास ही है । उसकी विचारधारा में ही है। थोड़ा सा समझौते की ओर बढ़ने की कोशिश मात्र भर है । कहते भी हैं कि कई बार हारने वाला जीतने वाले से भी बढ़ा होता है । कुछ देर के लिए दूसरे को सही मान लेना, अपने चिरस्थाई संबंधों को सुरक्षित बना सकता है । कई बार अपनी गलती ना होते हुए भी यह कह देना कि चलो मान लेते हैं कि तुम सही हो, इससे कोई अंतर नहीं पड़ेगा किंतु जो आपके सम्बन्ध बने रहेंगे उनकी मिठास, सुहावनापन व दीर्घकालिक प्रभाव, उनका कोई मोल नहीं हो सकता । फिर भी इसका यह मतलब कदापि भी नहीं है कि हर बार आप स्वयं सही होते हुए भी अपने आप को दोषी मानते रहें और दूसरे के गलत होने पर भी उसे सही ठहराते रहें ।

अहम और स्वाभिमान में बहुत अंतर है । अहम से समझौता किया जा सकता है स्वाभिमान से नहीं । फिर एक अच्छे 'सफल जीवन' में इंसान का स्वाभिमानी होना भी महत्वपूर्ण है ।

आज उसने अपनी डायरी के जो कुछ पृष्ठ मुझे दिए हुए थे वो बहुत सीमित ही थे । पढ़ कर उन्हें मैंने एक तरफ रख दिया । स्वयंमेव ही मन में कुछ विचार आने लगे । कितनी सही बातें लिखी हुई थीं उसकी डायरी के

पृष्ठों में । वास्तव में ही कई बार अपने अहम की वजह से ही हम अपने महत्वपूर्ण संबंधों को खो देते हैं ।

सहसा ही मेरे मन में भी आने लगाई कि कहीं मैंने भी अपने जीवन में कभी ऐसा तो नहीं किया है । मेरे चेहरे पर मुस्कान सी तीर गई । मुझे नहीं लगता कि मैंने कभी जीवन में अपने महत्वपूर्ण संबंधों को इस प्रकार सरलता से खो दिया हो ।

आज के पृष्ठों में जैसा कि आपने भी पढ़ ही लिया है । जीवन में 'अहम' के प्रति स्वरूप होने वाले नकारात्मक परिणामों के विषय में लिखा हुआ था । 'अहम' के कारण यहां नकारात्मक भाव की उत्पत्ति होती है वहीं इसके साथ ही स्वाभिमान से सकारात्मक सोच व उससे जीवन में होने वाले शुभ परिणाम तथा आध्यात्मिक लाभ में भी उन्नति होती है । इससे इंसान की सोच के साथ साथ ही उसके जीवन में भी पर्याप्त परिवर्तन की संभावना बढ़ती है । सोचते सोचते कब मुझे नींद आ गई, इसका मुझे कुछ भी पता नहीं चला ।

(13)

सब कुछ नहीं

अगले दिन जैसे ही मेरी नींद खुली तो मैंने देखा कि आज नित्य प्रति से मुझे देर हो चुकी थी । फिर भी अभी सूर्य को निकलने में बहुत देर थी । वास्तव में मैं सुबह बहुत शीघ्र जाग जाता हूँ । इस कारण ही शायद ऐसा भ्रम हुआ था मुझे । जब आँखें अच्छी तरह से खुलीं तो सामने मुझे फिर वो फिर मुस्कुराते हुए दिखाई दिया ।

'तुम ठीक सोच रहे हो । आज तुम कुछ देर से जागे हो । पर इतनी अधिक देर से भी नहीं कि मुझे तुम तक आने में कोई असुविधा हुई हो । वास्तव में मुझे सुबह के प्रकाश में आने में थोड़ी सी असुविधा होती है पर इतनी अधिक भी नहीं । वैसे भी जब तक तुम्हारी यह पुस्तक पूर्ण नहीं हो जाती तब तक तो मुझे नियमित रूप से तुम्हारे पास आना ही है । हाँ ! तुम निरंतर लिखना जारी रखो । मैं चाहता हूँ कि शीघ्र से शीघ्र तुम्हारी यह पुस्तक पाठकों तक पहुँच सके और वो इस को पढ़ कर इससे लाभावान्वित हो सकें ।"

इतना कह कर उसने अपने साथ लाए हुए अपनी डायरी के लाए हुए कुछ और पृष्ठ भी मेरी ओर बढा दिए ।

कुछ सोच अथवा घटनाएँ जीवन में ऐसी भी होती हैं जो कि कुछ लोगों की सोच व धारा ही बदल देती हैं । इंसान ज़िंदगी में बहुत कुछ करता

है अपने लिए । अपने परिवार के लिए तो कभी कभी समाज व देश के लिए भी । पर कुछ लोगों के जीवन में कभी-कभार कुछ इस प्रकार की घटनाएँ भी होती हैं कि जिनसे इंसान का इस नश्वर संसार से तथा जीवन की अंधी दौड़ से परिचय होता है । आगे चल का कुछ एक ऐसी ही घटनाओं का वर्णन किया जा रहा है जो स्वयं मेरे जीवन काल की हैं तथा जिन्होंने मेरी सोच को बहुत हद तक प्रभावित किया ।

पहली घटना है मेरी अपनी नौकरी के समय की । मेरी नौकरी के सिलसिले में मेरी नियुक्ति स्वर्णकोट में हुई थी । स्वर्णकोट जम्मू कश्मीर के पुंछ जिले में बसा क़स्बा है । यह एक पहाड़ी इलाक़ा है । मेरी नौकरी वहाँ से लगभग १० किलोमीटर दूर बफ्लयाज़ नाम के एक गांव में हुई थी । इस लिए वहाँ पर पर्याप्त सुविधाओं के न होने के कारण सभी कर्मचारी स्वर्णकोट में ही रहते थे । स्वर्णकोट में अच्छा बाज़ार तथा बहुत सी सुविधाएँ उपलब्ध थीं ।

यहां स्वर्णकोट में कस्बे में ही एक पहाड़ी के ऊपर एक रेंजर रहा करता था । उनके पास बहुत जायदाद तथा पैसा था । वो एक प्रकार से वहाँ का करोड़पति था या यूँ समझिये कि वहां का बेताज बादशाह ही था। उनके दो लड़के तथा दो लड़कियाँ थीं । उन्होंने बड़ी लड़की की शादी कर दी थी।

उनका बहुत ही खूबसूरत हवेलीनुमा एक बंगला था दो-मंज़िल। बहुत से कारणों से यह बंगला नौकरीपेशा लोगों के लिए बहुत उपयुक्त था। इस बंगले के ऊपर के भाग में रेंजर साहिब स्वयँ रहा करते थे तथा नीचे के भाग में चार-पांच नौकरीपेशा कर्मचारी रहा करते थे । उन दिनों अभी उग्रवाद का दौर आरम्भ ही हुआ था ।

यह १९९१ के आस-पास की बात है । मेरी वहाँ से ट्रांसफर हो कर वापिस आने के बाद की । उस हवेली में कर्मचारियों के पांच परिवार रहा करते थे । एक दिन उस हवेली में कुछ मिलिटेंट्स आ गए । उन्होंने सभी कर्मचारियों को जो कि चार थे, उन पर आक्रमण कर दिया । उन्होंने औरतों को छोड कर सभी परिवारों के लोगों को इकट्ठा किया तथा गोलियों से भून दिया । इन में मकान मालिक रेंजर का सोलह वर्ष का नौकर भी था । उन्होंने रेंजर साहब पर भी गोलियों की बौछार की थी किंतु वो भगवान की कृपा से घायल होने के पश्चात भी बच गए थे । इस सारी घटना के पश्चात मूल घटना क्रम कुछ इस प्रकार से है कि उनका बड़ा लड़का एक दिन सहसा ही बीमार हुआ तथा उसकी मृत्यु हो गई । थोड़े दिनों के उपरांत रेंजर साहब की पत्नी भी चल बसी । कुछ दिन और व्यतीत हुए । उनकी छोटी बेटी किसी के साथ घर से निकल कर भाग गई । कुछ दिन और बीते। उनके छोटे बेटे ने भी आत्महत्या कर ली । बड़ी लड़की जे कि कुछ दिन पहले ही स्याही गई थी, वो भी घर वापस आ गई । यहां तक कि एक वर्ष के भीतर ही सारा परिवार समाप्त हो गया । अब वहाँ पर कुछ भी नहीं बचा है। यहां शानदार हवेली हुआ करती थी तथा चहल-पहल थी । वहां पर अब एक सैनिक पोस्ट है ।

जीवन का एक पहलू यह भी है । क्षणभंगुर जीवन में इंसान क्या कुछ नहीं सोचता ? क्या कुछ नहीं करता ? किंतु नियति क्या सोच रही होती है यह बस सिर्फ नियंता को ही मालूम होता है ।

एक अन्य घटना कुछ इस प्रकार से है । मेरा स्कूल के आरंभिक दिनों का एक मित्र था । नाम था जगमोहन ! मध्यम वर्ग से था । मेरा सहपाठी भी था और एक अभिन्न मित्र भी । शिक्षा पूर्ण होते ही उसकी शादी हो गई ।

परिवार की हालत उस समय कोई बहुत अच्छी नहीं थी । इसलिए उसने शहर आ कर किसी सम्बन्धी के यहां मुनीम का कार्य भार संभाल लिया । यहां उसने बहुत परिश्रम किया तथा शहर में ही कुछ भूमी का टुकड़ा ले कर रहने के लिए अपना मकान भी बना लिया । उसके पश्चात उसने अपने आप को यहीं पर स्थापित करने की कोशिश की तथा फिर पीछे मुड़ कर नहीं देखा । शहर में ही उसने तीन दुकानें खरीद लीं । मकान भी दो मंज़िल बना लिया । बेन्कट हाल भी बना लिया । गाड़ी वगैरह भी खरीद ली । कहने का आशय यह कि बहुत कम समय में ही अधिक परिश्रम से वो एक समृद्ध परिवार तथा स्थानीय पहचान बन गया ।

समय का पक्षी उड़ता रहा। अपनी निश्चित गति से निर्धारित पथ पर चलता रहा ।

एक दिन ऐसा आया कि वही व्यक्ति आकाश से फिर पृथ्वी पर औंधे मुंह आ गिरा । बेन्कट हाल बिक गया । दुकानें बिक गईं । मकान बिक गया। यहां तक कि सारा परिवार फिर से उसी दशा में आ गया जिस दशा से उन्नति करता हुआ आकाश की ऊँचाइयों पर पहुंचा था । यहां तक कि स्वयं उसने आत्महत्या कर ली ।

ऐसा क्यूँ कर और कैसे हुआ ? कुछ कहा नहीं जा सकता । उसे कोई ऐसा व्यसन भी नहीं था जिसे कि बुरा कहा जा सकता हो । ऐसे में यही कहा जा सकता है कि यह सब नियति का खेल था । यह सब कुछ एक दो साल के भीतर ही हो गया ।

लाखों करोड़ों रुपया भी हो तो उसके समाप्त हो जाने में देर नहीं लगती। ऐसी ही एक घटना के विषय में एक बार पाकिस्तानी टीवी ने अपने एक प्रोग्राम में ज़िक्र किया था । उसमें एंकर ने बताया कि एक बार की बात

है अमेरिका के राष्ट्रपति पाकिस्तान में आए हुए थे । एक दिन जब वो अपने काफ़िले के साथ एक रेगिस्तान में से गुजर रहे थे तो उन्होंने एक स्थान पर एक पेढ़ के नीचे एक चने वाले को देखा । जो वहाँ पर अपनी रेहड़ी लगाई हुए था तथा चने बेच रहा था । उसे देखते ही अमेरिका के राष्ट्रपति के मन में ना जाने क्या विचार आया कि उन्होंने अपने काफ़िले को वहीं पर रुक जाने के लिए कहा और उस चने बेचने वाले को अपने पास आने का इशारा किया । इस पर वो चने बेचने वाला राष्ट्रपति महोदय के पास चला आया। पास आ कर उसने उन्हें सलाम किया ।

राष्ट्रपति महोदय ने पास बुला कर उससे पूछा, 'क्या तुम मेरे साथ अमेरिका चलोगे ?"

उसने भी तुरंत ही जवाब दिया– 'हाँ ! चलूँगा साहिब ।"

इस पर राष्ट्रपति महोदय ने उसे अपने साथ कार में बैठा लिया तथा अपने साथ ही अमेरिका ले गए ।

अब वहाँ पर वो राष्ट्रपति का मेहमान था । कोई मामूली आदमी तो था नही । लाखों रुपये के उपहार और राष्ट्रपति द्वारा भी दी हुई बे शुमार दौलत।

अब इसके बीच क्या क्या घटनाएँ हीं यह तो एंकर ने उस समय कार्यक्रम में समय की कमी के कारण नहीं बताया किंतु कहते हैं कि वो आदमी जो अमेरिका के राष्ट्रपति के साथ अमेरिका चला गया था और कुछ दिन वहाँ पर उनका मेहमान बन कर रहा था, आज फिर रेगिस्तान में उसी पेढ़ के नीचे रेहडी लगा कर चने बेच रहा है ।

कई बार जीवन में इस प्रकार की घटनाओं-दुर्घटनाओं के विषय में हम सुनते ही रहते हैं, जैसे कि कुछ दिन पहले ही हमारे घर से कुछ दूर से एक परिवार रात को एक विवाह समारोह में गया हुआ था । अपनी कार थी ।

सारा परिवार उसमें बैठा हुआ था । जब वो वापस आ रहे थे, उस समय रात हो चुकी थी । धीमी धीमी बूंदा-बांदी भी हो रही थी । अभी वो घर के पास पहुँचने ही वाले थे कि सहसा ही कार के सामने एक गड्डा आ गया और कार उसमें पलट गई । परिणाम स्वरूप सारा परिवार ही मौत के मुंह में चला गया । ऐसा आमतौर पर हम सुनते ही रहते हैं ।

इस प्रकार की बहुत सी घटनाएँ दुर्घटनाएँ होती रहती हैं, जिनके बारे में हम सुनते ही रहते हैं जब कि, सहसा ही सब कुछ समाप्त हो जाता है ।

ऐसा होता है जीवन में । अब घटनाओं का यहां पर वर्णन करने का एकमात्र उद्देश्य यही था कि धन दौलत से बहुत अधिक लगाव इंसान के जीवन में जो भी परिवर्तन लाता है, उससे जीवन को एक 'सफल जीवन' की परिभाषा से नहीं संबंधित किया जा सकता ।

इस बार उसने अपनी डायरी में एक अलग ही विषय पर अपने विचार व्यक्त किये थे । उसके अनुसार क्षणभंगुर जीवन में धन-दौलत व शौहरत का उतना महत्व नहीं है । इसका महत्व तथा मूल्य तभी तक है जब तक कि इंसान का जीवन है । यह कब सहसा से ही समाप्त हो जाएगा इस विषय में कुछ भी नहीं कहा जा सकता । तो फिर इस सब क्षणिक वस्तुओं का इंसान के जीवन की सुख शांति में इतना महत्व नही होना चाहिए कि इन से उसका जीवन प्रभावित हो । यही सब सोचते हुए मुझे कब नींद आ गई, पता ही नहीं चला ।

अपना निर्णय

आज मेरी नींद उसकी आवाज़ से ही खुली थी । हालांकि उसकी आवाज़ इतनी जोर से तो नहीं थी कि दूसरों का ध्यान भी अपनी और आकर्षित करती, फिर भी मेरी नींद मुझे लगा कि उसकी आवाज़ से ही खुली है । वैसे भी उसकी उपस्थिति का आभास किसी को भी नहीं होता था। ना ही उसके बोलने से ना ही उसकी किसी हरकत से । न ही उसके दिए हुए कागज़ ही मेरे अतिरिक्त किसी अन्य को दिखाई देते थे ।

वह मुझ से कह रहा था- 'एक बात का जीवन में सदैव ही स्मरण रखना कि जीवन में अपने हर काम के प्रति अपना निर्णय स्वयं लो और न ही अपना निर्णय कभी जीवन में किसी दूसरे पर थोपने का प्रयास ही करना। यह जीवन में सुख शांति तथा एक सफल शांत जीवन जीने के लिए परम आवश्यक है ।" इतना कह कर उसने नित्य की भाँति डायरी के लाए हुए कुछ पृष्ठ मेरी ओर बढा दिए ।

आज मुझे उसका मेरी नींद के बीच इस प्रकार से विघ्न डालना अच्छा नहीं लगा । मन हुआ कि आज उसे थोड़ा सा डपट ही दूँ कि यार ! मैंने कोई ठेका थोड़ा लिया हुआ है तुम्हारे कहने के अनुसार ही काम करने का । जाओ मुझे तंग ना करो । मैं जो मन में आएगा वही करुंगा और जो मन में आएगा वही लिखूंगा । तुम कौन होते हो मुझे निर्देश देने वाले । मेरा मन उचाट सा हो गया । फिर भी मैंने अपना हाथ बढा कर उसके हाथ के पृष्ठ

थाम ही लिए । फिर मन में एक प्रश्न यह भी उत्पन्न हुआ कि उससे यह ही पूछ लूँ कि उसने जो भी पृष्ट देने हैं मुझे वो एक बार में ही क्यों नहीं दे देता? क्या वो नित्य लिखता है और फिर मुझे देने आता है या कोई और बात है किन्तु, फिर भी, चाहते हुए भी मैं उससे कुछ भी ना ही तो कह ही सका ना ही पूछ ही सका ।

फिर अपने नित्य की भाँति नित्यकर्म से निवृत हो कर जब नाश्ता करने के पश्चात मैं लिखने बैठा तो उसके दिए हुए पृष्ट अपने सामने रख लिए। उसने लिखा था–

यह सदैव स्मरण रखें कि दुनिया आपकी इच्छा अनुसार कभी भी नहीं चलती । चल ही नहीं सकती । सृष्टि निर्माता ने सभी को अपना विवेक व बुद्धि दी हुई है । हर एक इंसान यहां तक कि हर एक प्राणी भी अपनी सोच समझ अनुसार निर्णय लेने में सक्षम भी है तथा स्वतंत्र भी । इसलिए इच्छाएं, अपने निर्णय कभी भी दूसरों पर थोपने का निरर्थक प्रयास न करें।

जीव जगत में जो भी उत्पन्न हुआ है वो हमारी इच्छानुसार कदापि नहीं है । ना ही वैसा हो ही सकता है । प्रत्येक वृक्ष हमारी आशानुसार फल नहीं देता । प्रत्येक प्राणी का चेहरा हमारी चाहत के अनुरूप नहीं होता । यहां तक कि हम अपने बच्चे को किसी भी प्रकार से 'राम' या 'कृष्ण' नहीं बना सकते । हर एक प्राणी का अपना ही स्वरूप है । अपना ही व्यक्तित्व है । जिसे लाख चाहने के उपरांत भी परिवर्तित नहीं किया जा सकता ।

जीवन में अशांति का एक कारण यह भी है । हम सदैव ही जो चाहते हैं वो हो नहीं पाता । सदैव जिसकी अपेक्षा करते हैं वैसा संभव नहीं हो पाता। हो भी कैसे ? हम सर्वशक्तिमान तो हैं नहीं ! ना ही इसके नियंता हैं । ऐसा सोचते हुए भी हम ऐसा नहीं सोच सकते कि दुनिया हमारी ही सोच के

अनुरूप हो । उसी प्रकार से चले उसी प्रकार से ही व्यवहार करे जैसा कि हम चाहें । क्या यह संभव है कि हम जैसा सोचें वैसा ही सारी दुनिया भी सोचे । हम जैसा करें वैसा ही सारी दुनिया भी करे । जैसा हम चाहें वैसा ही सारी दुनिया को भी दिखे । समस्त विश्व वैसा ही हो जैसा कि हम चाहें तथा वैसी ही उसकी सोच भी हो, वैसा ही दिखे भी जैसा कि हम चाहें, किंतु वैसा हो नहीं पाता और हमारे दुःख या अप्रसन्नता का एक कारण यह भी बन जाता है ।

जे. पी. वासवानी कहते हैं कि यह हमारे लिए नहीं है कि हम दुनिया को सही तरीके से स्थापित करें । यह हमारे लिए है कि हम खुद को सही साबित करें और अपने उदाहरणों के माध्यम से भगवान को अपने आस पास के लोगों को प्रभावित करने दें ।

यह जीवन इतना अद्भुत व रोमांचकारी है कि इसके प्रति ऐसा सोचना भी की सब मेरी इच्छानुसार ही हो कितना अप्रत्याशित सा है ।

यहां, जब हम बात करते हैं एक 'सफल जीवन' की तो इस बात का भी ध्यान रखना ही होगा कि जब भी हमारा जीवन उथल पुथल भरा अनियत्रित सा होगा तो ऐसा कभी भी नहीं सोचा जा सकता कि हम एक 'सफल जीवन' जी रहे हैं ।

हमारे जीवन में एक स्थायित्व व निर्मलता आवश्यक है । इसमें कोई उलझने ना हों । व्यर्थ का तनाव ना हो । इसके लिए हमें यह भी स्मरण रखना ही चाहिए कि हमें दूसरों के साथ भी वैसा ही व्यवहार करना चाहिए जैसे की हम दूसरों द्वारा अपने साथ किये जाने की अपेक्षा करते हैं । जब आप दूसरों द्वारा अपने पर आज्ञा दिया जाना पसंद नहीं करते तो यह समझना कि हम किसी दूसरे को कोई भी आज्ञा देंगे तो वो खुश हो कर इसे

मान लेगा, हमारी नासमझी ही हो सकती है । इसके अतिरिक्त और कुछ नहीं ।

घरों में आमतौर पर ऐसा होता ही है । घर के किसी न किसी सदस्य से दूसरे को यह आशा होती ही है कि वो उसकी हर आज्ञा का पालन पूरी तत्परता से करेगा । कभी भी वो किसी भी बात की अविज्ञा नहीं करेगा । ऐसा होता है । जब ऐसा नहीं होता, दूसरा किसी बात को करने के लिए ना कर देता है तो घर के सदस्यों को तो तनाव या क्रोध होगा ही । इसके साथ ही दूसरे का भी मानसिक संतुलन स्थिर नहीं रहेगा ।

यह केवल एक घर के किसी सदस्य विशेष की ही बात नहीं है । यह तो हर घर की तथा एसी परिस्थिति की बात है, यहां सदैव दूसरों से अपनी इच्छा पूर्ति की अपेक्षा की जाती है । इसके अतिरिक्त कार्य स्थल पर यहां पर आप दिन भर कार्यरत रहते हों, मित्र मंडली, तथा यहां पर आपका अधिकांश समय व्यतीत होता हो । वहाँ पर आमतौर पर मित्रों में एक दूसरे से अपने समर्थन की आशा हो ही जाती है ।

सब को यह सदैव ही याद रखना चाहिए कि अपनी इच्छाओं को किसी दूसरे पर थोपना नहीं चाहिए । चाहे वो आपका कोई अपना मित्र हो या सम्बन्धी । आप अपनी इच्छाओं की दूसरे से पूर्ति की चाह करके दूसरों को तो परेशान करते ही हैं, अपितु उनके पूरा ना होने की स्थिति में स्वयं भी अपने आप को अपेक्षित तथा निराश महसूस करके दुखी कर लेते हैं ।

यहां तक संभव हो दूसरों से किसी भी बात की आशा ना रखें । अपने आप को यदि दुखी नहीं करना चाहते हैं तो कभी भी किसी से कोई भी उम्मीद ना रखें । दूसरों से आशाओं का पालना भी अपने आप को दुख-ग्रस्त बनाए रखने का एक सरल उपाय है ।

दुनिया कभी भी आपकी आशानुरूप नहीं चलती । ना ही इसे कभी अपनी इच्छानुसार चलाने का प्रयास ही करें । यहां तक हो सके अपनी इस इच्छा का परित्याग ही कर दें । यदि जीवन में प्रसन्न रहना है तो ।

(15)

हमारा जीवन

इस बार देव-दूत अपने नियत समय से पूर्व ही मेरे पास उपस्थित हो चुका था । मेरी आँख खुलते ही जब मेरी दृष्टि उस पर पड़ी तो मुझे उसकी मुस्कान कुछ रहस्मयी सी प्रतीत हुई । मैंने प्रश्नवाचक दृष्टि से उसे देखा । उसने फिर नित्य की भाँति ही मेरी और अपनी डायरी के कुछ पृष्ठ बढ़ा दिए। जैसे ही मैंने उसके हाथ से पृष्ठ थामे तो उसने कहना शुरु किय- 'मित्र! यह शायद मेरी तुमसे अंतिम मुलाक़ात है ।"

– 'क्यों? मैंने भी उनसे प्रश्न किया ।

– 'मित्र ! मेरा जितना रोल था वह पूर्ण हुआ । मैं जो तुमसे कहना चाहता था अथवा तुम्हारे माध्यम से जो आम पाठकों तक संदेश पहुंचाना चाहता था वो मैंने कर दिया । अब इस पुस्तक को पूरा करना तथा पाठकों तक पहुंचाना तुम्हारा काम है ।

यह तुम्हारे लोक में रहते हुए मेरा अधूरा रह गया काम था । वास्तव में जब मैं तुम्हारे पृथ्वी लोक में रहता था, तब एक प्रसिद्ध चिंतक व लेखक हुआ करता था । मरे बहुत से अनुयायी थे तथा मैं उन्हें सही आध्यात्मिक व नियंत्रित जीवन के विषय में प्रवचन दिया करता था, किंतु मेरा समय-काल पूर्ण हो जाने के कारण कुछ मेरा कुछ कार्य शेष रहा गया था जो कि इस पुस्तक के रूप में निर्दिष्ट था । इस प्रकार जब मेरी मृत्यु हो गई तो यहां के लोक-वासियों के साथ जुड़ाव होने के कीरण मैं इस लोक को पूर्णतया

त्याग नहीं सका । अतः मृत्यु के पश्चात भी मुझे अपने इस जन्म का पूर्ण स्मरण रहा और मैंने अपने अधूरे कार्य को पूरा करने के उद्देश्य से अपनी पुस्तक की इस पाण्डुलिपि की तलाश की तथा इसे तुम्हारे हवाले करके शेष कार्य तुम्हें पूरा करने का कर्तव्य भार तुम्हें सौंप दिया ।"

अब मेरी उस के विषय में जानने की उत्सुकता गहरी हो गई थी । मैंने उस से पूछा- 'तुम्हारी मृत्यु कब हुई थी और तुम्हारे पूर्व जन्म का नाम क्या था ?"

इस पर उसने मुस्कुराते हुए कहा- 'इस विषय में तुम्हारी जिज्ञासा तो उचित ही है, किंतु यह एक बहुत ही गूढ़ विषय है । इसे समझ पाना तुम्हारे लिए सरल नहीं होगा । संक्षेप में मैं तुम्हें इतना ही कहूँगा कि इस विषय में जब भी तुम्हें मेरी आवश्यकता प्रतीत होगी, तुम्हारे चाहने से ही मैं तुम्हारे समक्ष उपस्थित हो जाऊँगा । वैसे इसकी तुम्हें आवश्यकता नहीं पड़ेगी । उसकी बातों से एक प्रकार से मैंने भी सहमति जताते हुए अपनी मौन मुस्कान से सहमती जाता दी । इस पर उसने मुस्कुराकर मेरी ओर हाथ हिला का एक प्रकार से मुझसे विदा लेते हुए आज्ञा ली तथा अगले ही पल अदृश्य हो गया ।

उसके इतना बताने के पश्चात अब मेरा भी कर्तव्य तो बनता ही था कि मैं उसके विचारों को आगे बढ़ाऊं । उसकी डायरी के पृष्ठों को उसके निर्देशानुसार लिख तो मैं पहले से ही रहा था किंतु अब उसका इतना कुछ बता देने के उपरांत मुझे इसमें पहले से भी अधिक रुचि तथा अपने कर्तव्य का एहसास होने लगा ।

इस विषय में लिखते हुए विभिन्न लोगों से भेंट तुम्हें करने तथा उनके विषयान्तर्गत विचार जानने का सुअवसर मिला, किंतु आमतौर पर अपनी

राय व्यक्त करते समय बहुत से लोग भ्रमित भी हो जाते थे । वो जीवन में सफलता तथा 'सफल जीवन' के भेद में उलझ जाते थे ।

सफलता यहां जीवन में आगे बढ़ने तथा बेहतर करने का संदेश देती है वहीं 'सफल जीवन' में सब कुछ पा लेने के पश्चात एक प्रकार की संतुष्टि का संदेश निहित है । सफलता में कुछ पाने की होड़ ही नहीं होती बल्कि दूसरों से अधिक पाने की उत्कंठ लालसा भी होती है ।

सचिन तेंदुलकर दुनिया के महान क्रिकेटर हैं जिन्हों ने लगभग दो दशक पूर्व इस प्रकार का मत व्यक्त किया कि हर किसी के जीवन में कोई ना कोई सपना होना ही चाहिए और उसे पाने के लिए उसे सारी उम्र उसका पीछा करते रहना चाहिए । सचिन तेंदुलकर के पास नाम, धन सब कुछ है किंतु शायद उसके पास वो सब नही है जो कि इतना सब कुछ पा लेने के बाद किसी भी ऐसे आदमी के पास होना चाहिए । वह भी अपने जीवन में पाई गई सफलता से इतने प्रसन्न नहीं रहे हैं जितना कि होना चाहिए था । वास्तव में वो क्रिकेट जगत में कप्तान बनना चाहते थे, किंतु वहाँ अपेक्षित सफलता ना मिल पाने के कारण वो अपनी अंतरात्मा की आवाज़ सुन कर यह निर्णय ले पाने के लिए विवश हो गए की उन्हें बल्लेबाज़ी के क्षेत्र में ही अपना भाग्य आज़माना चाहिए । एक तरह से कहा जाए तो कप्तान ना बन पाने का दुःख उन्हें आयु पर्यन्त सालता रहा । अब उन्हें जीवन में भरपूर सफलता तो मिली लेकिन उनके जीवन को एक 'सफल जीवन' नहीं कहा जा सकता ।

कई प्रसिद्ध व्यक्तियों ने यहां इस बात को स्वीकार किया कि इंसान के पास बहुत सा पैसा तथा बहुत सी दौलत का हो जाना ही उसके 'सफल जीवन' की निशानी नहीं है । वहीं कुछ लोगों ने इस बात को भी स्वीकार

किया की जीवन में अपनी इच्छाओं की पूर्ति तथा मन चाहा पा लेना भी एक सफल जीवन का परिचायक नहीं है । इस बात से कदापि भी इंकार नहीं किया जा सकता कि दुनिया में ऐसी भी बहुत सी विभूतियाँ हुई हैं जिन्हींने जीवन की उच्चतम उपलब्धियाँ प्राप्त कर लेने के पश्चात भी इसे स्वीकार नहीं किया कि उनका जीवन एक 'सफल जीवन' है । उन्होंने सदैव अपने जीवन के एक अधूरेपन को ही व्यक्त किया । चाहे वो हार्वर्ड के शिक्षित लेखक, व्यवसायी और प्रसिद्ध वक्ता 'स्टीफन कोवे' हों, न्यूयॉर्क टाइम्स के सबसे अधिक बिकने वाले लेखक 'एरियाना हाफिंगटन' या 'माया एंजेलो' जो एक प्रसिद्ध कवि, लेखक, गीत कार, निर्देशक, तथा समान्त्रित अधिकारी रह चुकी है, या 'थॉमस एडिसन' हों जो कि अमेरिका के एक बहुत बड़े आविष्कारक माने गए हैं । फिर उनमें 'बिल गेट्स' हों या फिर राष्ट्रपति 'बराक ओबामा' का भी नाम लिया जा सकता है ।

'सफल जीवन' विषय के अंतर्गत विस्तृत विवेचना हेतु ही विभिन्न उदाहरण दिए गए । विभिन्न मत उद्धत किये गए ताकि इस विषय को भली भाँति समझा जा सके तथा इससे पढ़ने वाले भी विशेष रूप से लाभान्वित हो सकें ।

इससे उनके व्यक्त विचारों से एक भ्रम की सी स्थिति पैदा हो जाती थी। यहां जीवन में सफलता से इंसान की इच्छाओं का अंत नहीं होता वहीं एक 'सफल जीवन' में कोई भी इच्छा शेष होने के पश्चात भी शेष नहीं रहती। इसमें संपूर्ण संतुष्टि का आभास ही नहीं होता बल्कि संपूर्ण संतुष्टि होती भी है ।

जहां तक मेरी अपनी सोच व अनुभव की बात की जाए तो मैं सोचता हूँ कि 'सफल जीवन' जीना या इसे प्राप्त करना जितना कठिन जान पड़ता है

उतना है नहीं, किंतु इतना सरल भी नहीं है । इसके लिए जीवन में एक नियमवद्ध शैली को अपनाने की आवश्यकता है ।

विश्व में ऐसी बहुत सी महान विभूतियाँ हुई हैं जिनके विषय में हमने अपने जीवन में पढ़ा अथवा सुना है । इस संदर्भ में हम स्वामी विवेकानंद, महात्मा गांधी, महात्मा बुध, यीशु-मसीह तथा तिब्बत के धर्मगुरु दलाईलामा का नाम पूर्ण विश्वास के साथ ले सकते हैं कि ऐसी महान आत्माओं ने अवश्य ही एक महान व 'सफल जीवन' जिया है । उनके जीवन चरित्र को पढ़ते हुए व उन जैसी सरल जीवन शैली को अपना कर अथवा उनके द्वारा सुझाए गए निर्दिष्टमार्ग पर चल कर, उनकी दी हुई शिक्षाओं पर अमल कर के कोई भी अपने जीवन को सफल बना सकता है ।

हाँ ! यहां यह बात अवश्य ही ध्यान देने योग्य है कि उनके जीवन हमारे लिए केवल एक उदाहरण मात्र हो सकते हैं, लक्ष्य नहीं । हर एक को अपना जीवन जीना है । महान आत्माओं द्वारा दिए हुए दिशा निर्देशों एवं मत के अनुरूप चलना है । उनकी प्रति छाया नहीं बनना है । मनोज को मनोज ही बनना है । रवि को रवि ही बनना है । गौरव को गौरव ही बनना है । यदि किसी के जैसा बनने का प्रयास किया जाएगा तो सब कुछ अधूरा ही रह जाएगा । तब फिर जीवन में कभी भी सफलता नहीं मिल पाएगी । जीवन कभी भी एक 'सफल जीवन' नहीं बन पाएगा ।

वास्तव में हम जैसा सोचते हैं वैसा ही हमारा जीवन होता है । जैसी हमारी सोच वैसा हमारा जीवन । आज हम जैसा सोचते हैं कल हम वैसे ही बनेंगे । आज हम जैसा निर्णय लेंगे उससे हमारा कल प्रभावित होगा । हमारा आने वाला जीवन प्रभावित होगा ही । कल का हमारा जीवन ही हमें जीवन में सफल या असफल बनाएगा ।

अपने संपूर्ण जीवन में चाहे किसी की कोई इच्छा पूर्ण हुई हो या नहीं हुई हो । जीवन भर कुछ कर पाया हो या न कर पाया हो । निर्धन हो या धनी। उसके पश्चात भी इंसान में संपूर्ण संतुष्टि व एक प्रकार की तृप्ति का आभास होता है । जिस प्रकार सफलता एक प्रकार की सम्पूर्णता की भावना है उसी प्रकार सफल जीवन में भी सम्पूर्णता की भावना भी निहित है। जिस प्रकार यहां किसी प्रकार की चाह की भावना नहीं होती किसी प्रकार की किसी से कोई स्पर्धा नहीं होती । जो है उसी में पूर्ण सन्तुष्टि होतीं है ।

फिर मुझे कहना तो यही चाहिए कि इसके पश्चात जीवन में सब कुछ पा लेने के उपरांत भी और कुछ भी ना हासिल कर पाने के पश्चात भी इंसान के दिल में किसी प्रकार का दुःख या शिकायत शेष नहीं रहती । 'सफल जीवन' में किसी प्रकार का मानसिक असंतुलन नहीं होता । किसी प्रकार की किसी से कोई अपेक्षा नहीं होती । कोई इच्छा शेष नहीं होती । अंत समय पर चेहरे पर एक प्रकार की कान्ति तथा मानसिक तृप्ति का भाव परिलक्षित होता है । सबसे ऊपर एकमात्र सच्चाई तो यह है कि जिसे अपने जीवन में संपूर्ण संतुष्टि का भाव मिल गया हो, जिसे और कुछ भी नहीं चाहिए हो, जिसकी कोई इच्छा शेष न हो जो पूर्ण रूप से ईश्वर का धन्यवादी हो, जिसके चेहरे पर एक प्रकार की तृप्ति का भाव परिलक्षित होता हो, ऐसा आदमी ही एक 'सफल जीवन' जीता है । ऐसे इंसान के जीवन को ही 'सफल जीवन' कहा जा सकता है ।

इसके लिए सर्वप्रथम इंसान को अपने आप से पहचान होना आवश्यक है । उसका अपनी अंतरात्मा से समबन्ध होना आवश्यक है । उसके पश्चात ही इंसान अपने आप को समझ सकता है । जीवन की

एकमात्र सच्चाई को समझ सकता है । इस सब के उपरांत ही वो एक सफल जीवन की परिभाषा को भली भाँति समझ सकता है । सफलता की सच्ची परिभाषा है कि आप जो भी काम कर रहे हैं उसमें आपको आनंद की प्राप्ति हो रही है । आप को काम आरम्भ करने में भी आनंद की अनुभूति हुई, काम करते समय भी और काम समाप्त हो जाने के बाद भी आप को एक प्रकार की तृप्ति का एहसास हुआ । ऐसे कार्य करने के पश्चात आपको जो अपनी सफलता या आत्मसन्तुष्टि का आभास होगा वही आपकी जीवन में सच्ची सफलता है और यही आपके जीवन को सफल बनाता है ।

इस विषय में चर्चा करते हुए एक प्रश्न यह भी उत्पन्न होता है कि क्या जिस व्यक्ति ने 'सफल जीवन' जिया है या जी रहा है क्या उसे कभी भी दुखी या उदास नहीं होना चाहिए ? क्या ऐसा संभव है ? तो इसके उत्तर में यही कहा जा सकता है- 'नहीं' । ऐसा संभव हो ही नहीं सकता । इंसान एक प्राणी मात्र है । सुख- दुःख , राग-द्वेष या अच्छे बुरे का उस पर प्रभाव पड़ना स्वाभाविक ही है । इस सब से वो बच नहीं सकता है, बल्कि इसे यूँ समझा जा सकता है की इन सब प्रभावों से अप्रभावित रहने का प्रयास ही एक अच्छे 'सफल जीवन' जीने की हमारी इच्छा की पूर्ति में सहायक हो सकता है ।

कोई ऐसी घटना या दुर्घटना हो जाती है तो इससे अप्रभावित तो रहा नहीं जा सकता । अत : ऐसे समय दुखी होना भी स्वाभाविक है । दुखी होना भी चाहिये क्योंकि ऐसी भावनाओं के उद्गारों को रोकना भी अप्राकृतिक है । इन को रोकने से इंसान के स्वास्थ्य पर भी विपरीत प्रभाव पड़ सकता है । इंसान आखिर इंसान ही है । इसलिए इन को रोकने के स्थान पर नियंत्रित करने का प्रयास करना चाहिए । अपने मन को समझाना

चाहिए। ऐसी अपनी प्रवृति अपना लेनी चाहिए जिससे कि कैसी भी अच्छी या बुरी भावनाओं का हम पर अधिक प्रभाव ना होने पाए । यही हमारी एक अच्छे और 'सफल जीवन' की ओर बढ़ने की सही दिशा है । 'सफल जीवन' को एक प्रकार से नियंत्रित जीवन भी कहा जा सकता है ।

जीवन में तरह तरह के अनुभव होते हैं । अच्छे भी तथा बुरे भी । एसे सभी अनुभवों तथा भावनाओं पर कुशलता पूर्वक नियंत्रण ही एक 'सफल जीवन' की पहचान है ।

'सफल जीवन' के लिए जीवन का सुखी होना अत्यंत ही आवश्यक है और सुखी जीवन के लिए आवश्यक है आप की सभी इच्छाओं की पूर्ति। सभी इच्छाओं की पूर्ति के लिए आवश्यक है 'कठोर परिश्रम' । यहां 'कठोर परिश्रम' आवश्यक है वहीं इसके साथ ही इंसान में धैर्यशीलता व आत्मसंयम का होना भी बहुत आवश्यक है । सुखी एवं 'सफल जीवन' के लिए इस कथन का भी बहुत अधिक महत्व है- 'सादा जीवन, उच्च विचार।"

जीवन की सफलता ही हमें आत्मसंतुष्टि प्रदान करती है । इसके लिए जीवन में सीमित इच्छाओं का होना एवं उपलब्ध साधनों व सुविधाओं से ही जीवन व्यापन करना आना चाहिए ।

आज के जीवन में यहां हमें सरल एवं 'सफल जीवन' व्यतीत करने के लिए बहुत सी बातों का ध्यान रखना चाहिए । वहीं इंसान में क्षमाशीलता व संयमित जीवन के साथ अन्य गुण-दोष के लिए भी उचित आचार व्यवहार का ध्यान रखना चाहिए । इसके साथ ही हमारा अपने समस्त परिवार पर भी उचित नियंत्रण होना चाहिए । यहां तक कि आपका व्यक्तित्व इतना

ओजस्वी होना चाहिए कि जिससे आपके संपर्क में आने वाले दूसरे लोग भी प्रभावित हुए बिना न रह सकें ।

वास्तव में सफलता मनुष्य के लिए एक अनुभव ही है । इसे सफल होने वाला मनुष्य ही भली प्रकार से समझ सकता है । उसे कोई दूसरा परिभाषित नहीं कर सकता । उसी प्रकार एक 'सफल जीवन' को भी वही आदमी अच्छी प्रकार से समझ और महसूस कर सकता है जो उसे जी रहा हो । उसे भी कोई दूसरा परिभाषित नहीं कर सकता । इसके लिए हमने इस संदर्भ के अंतर्गत विभिन्न विषयों पर भी इसलिए चर्चा की, जैसे वाणी पर संयम, ख़ुशियाँ प्राप्त करो, प्रसन्नता बाँटते चलो, ईर्ष्या-द्वेष या स्पर्धा, संयम व न्यायप्रियता एवं क्षमाशीलता आदि । इन सब के विषय में चर्चा का केवल एक ही उद्देश्य था । इस बात को समझ पाना कि ऎसी सभी सोच अथवा भावनाओं का भी इंसान के जीवन में सफलता या 'सफल जीवन' पर बहुत अधिक प्रभाव पड़ता है । ऎसी सोच के अंतर्गत जीवन जीने से इंसान की विचारधारा में अपेक्षित रूप से प्रभावित होती है । वास्तव में जब भी कोई व्यक्ति शुद्ध मन से आधात्मिकता की तलाश में किसी मार्ग को तलाश कर लेता है और उस रूप को अपने जीवन में उतार लेता है तो उसका मस्तिष्क आनंद से परिपूर्ण उल्लास से सरोबार तथा निर्मल हो जाता है और वो शांति के व संतुष्टि के उस चरम बिंदु तक जा पहुंचता है कि फिर इसके पश्चात उसे किसी ओर की चाह ही नहीं होती । ऐसे आदमी के जीवन को ही सफल कहा जा सकता है । ऐसे ही आदमी 'सफल जीवन' जीते हैं। इन्हीं का जीवन, जीवन के वास्तविक आनंद से परिपूर्ण तथा पूर्ण रूप से तृप्त होता है ।

यदि आप की जीवन में कभी किसी ऐसे व्यक्ति से भेंट हुई है तो वास्तव में ही आप एक सफल इंसान से मिले हैं । वही एक सफल व्यक्तित्व का मालिक रहा है । उसी ने अपना एक 'सफल जीवन' जिया है ।

इसके लिए हम किसी भी व्यक्ति के अंत समय की स्थिति से उसके जीवन में प्राप्त आध्यात्मिक उपलब्धि तथा उसके प्रति संतुष्टि से भी जान सकते हैं । हम उसके जीवन की सफलता का अनुमान इन बातों से भी लगा सकते हैं कि अपने अंत समय में उसके चेहरे के भाव कैसे थे ? उसके चेहरे पर एक प्रकार की तृप्ति व संतुष्टि का भाव था ? उसे अपने जाने पर कोई कष्ट दुःख मलाल तो नहीं था ? क्या उसके चेहरे पर एक स्निग्ध मुस्कान थी? क्या उसके साथ-सम्बन्धी उसके जाने पर बहुत दुखी थे ? उससे बिछुड़ने वालों को लग रहा था कि वो एक अत्यंत महत्वपूर्ण इंसान को खो रहे हैं ? यह सारी बातें ऐसे व्यक्ति की जीवन व्यापक सफलता की परिचायक हैं ।

उप संहार

पुस्तक के आरम्भ में हम नें एक देव दूत की उपस्थिति का वर्णन किया था जिसने इस पुस्तक को लिखने में लेखक की सहायता की थी । वो निरंतर अपनी लिखी हुई डायरी के पृष्ठ लेखक को दे कर इस पुस्तक को लिखने में मार्गदर्शन कर रहा था । कुछ पाठकों के दिल में कुछ जिज्ञासा भी हो सकती है कि वो देवात्मा कौन थी । तो इस संदर्भ में हम यहां स्पष्ट कर रहे हैं कि ऐसा कुछ भी नहीं था । देवात्मा नाम के पात्र की परिकल्पना केवल इस विषय में पाठकों की जिज्ञासा तथा इसे रुचिकर बनाने के लिए की गई थी । पुस्तक हमारे अपने अध्ययन, मनन, विश्लेषण तथा भेंट वार्ताओं पर आधारित है । इसको लिखने का उद्देश्य केवल इतना ही था कि पाठक एक 'सफल जीवन' की परिभाषा के विषय में भली-भाँति सोच समझ सकें व जान सकें । इससे पाठकों का जीवन में सफलता, उसके प्रति दृष्टिकोण तथा उसे जीने के ढंग में उचित बदलाव आ सके । अपने जीवन में उचित परिवर्तन लाते हुए उसका नव-निर्माण कर सकें तथा अपने जीए जा रहे जीवन को एक 'सफल जीवन' बना सकें । ऐसी परिकल्पना या विश्लेषण से हमारा प्रयास किसी की भावनाओं को ठेस पहुंचाना कदापि भी नही रहा है । इससे किसी के विश्वास या मत को किसी भी प्रकार की ठेस पहुंची हो तो इसके लिए लेखक क्षमा प्रार्थी है ।

You can change yourself
आप स्वयं को बदल सकते हैं
राज ऋषि शर्मा

जीना इसी का नाम है
राज ऋषि शर्मा

आओ
कुछ देर
सोच लें
Let's Think For A While
" राज ऋषि शर्मा "

मैं
साधु नहीं
राज ऋषि शर्मा

मरने से पहले
(Before Dying)

राज ऋषि शर्मा

लेखक की अन्य रचनाएँ

1.स्वप्न विश्लेषण (विश्लेषणात्मक)

2.सपनों की दुनिया (विश्लेषणात्मक)

3.सुहाने पल (काव्य संग्रह)

4.सफल जीवन (प्रेरणात्मक)

5.पल भर की छांव (अति रोचक उपन्यास)

6.अदृश्य लोक (विश्लेषणात्मक)

7.जीना इसी का नाम है (प्रेरणात्मक)

8.मैं साधु नहीं (विचारात्मक,आध्यात्मिक)

9.आप स्वयं को बदल सकते है (प्रेरणात्मक)

10.रात अकेली है (अति रोचक उपन्यास)

11.आओ कुछ देर सोच लें (प्रेरणात्मक)

12.ऐसा होता तो नहीं (अति रोचक उपन्यास)

13.हवाओं का आंचल (सम्पादित,काव्य-संग्रह)

14.मरने से पहले (विचारात्मक)

15.रहस्यमय यात्रा (रोचक एवं रोमांचक उपन्यास)

16.चांदनी (लघु उपन्यास)

17.हर वर्ष पुनर्जन्म (सत्य कथाएं,डिजिटल)

18.डॉक्टर कसाई (कहानी संग्रह,डिजिटल)

19.स्वप्न संसार (विश्लेषण,डिजिटल)

20.ऐसा मेरे साथ ही क्यों होता है(प्रेरणात्मक,शीघ्र प्रकाश्य)

9 7 9 8 8 9 0 0 2 2 4 8 6